Brigitte Deja-Lölhöffel
Unbekannter Nachbar
DDR

Brigitte Deja-Lölhöffel

Unbekannter Nachbar DDR

AT Verlag Aarau · Stuttgart

AT Verlag Aarau/Schweiz
Umschlag: AT-Grafik
Fotos: Brigitte Deja-Lölhöffel,
Helmut Lölhöffel, Alfons Deja,
Elmar Pratsch
Gesamtherstellung:
Grafische Betriebe Aargauer Tagblatt AG, Aarau
Printed in Switzerland

ISBN 3-85502-301-8

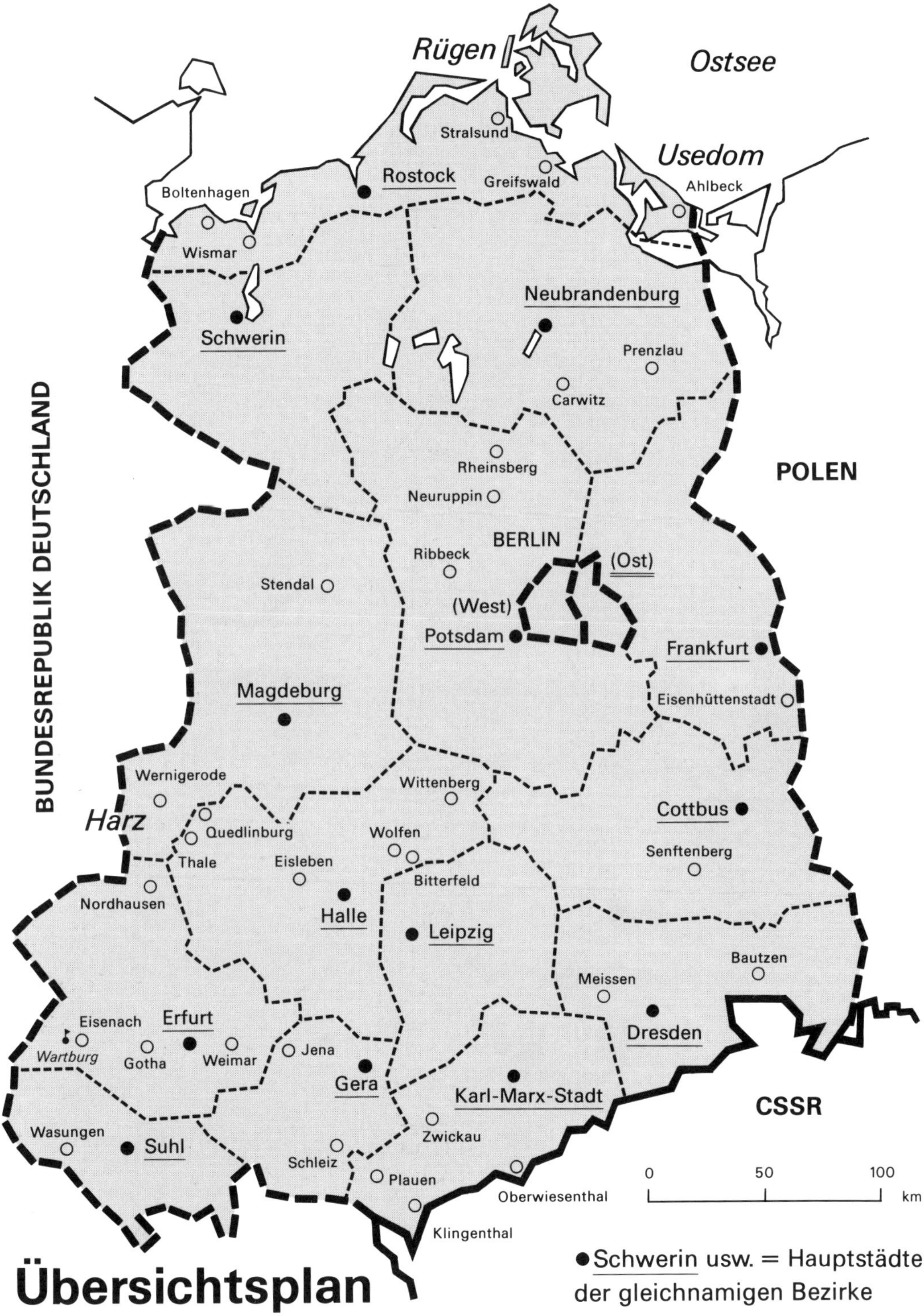

Übersichtsplan

● Schwerin usw. = Hauptstädte der gleichnamigen Bezirke

Inhalt

Bild Seite 2: Soldaten der US-Army, die als Angehörige der alliierten Schutzmächte Berlins Zugang nach Ost-Berlin haben, fotografieren einen Ehrenposten am Mahnmahl Unter den Linden.
Bild Seite 6: Blick auf die Saaleschleifen in der Nähe von Jena in Thüringen.

Kreuz und quer durch die Republik – Vom Gänsefleisch bis zum Müllschlucker

In der DDR zu reisen ist nicht so ganz einfach. Die Eisenbahnen sind unbequem, oft unpünktlich, an Wochenenden überfüllt, und die Schienen sind holperig. Aber die Fahrkarten sind unerhört billig: Einmal Berlin–Leipzig und zurück (das sind rund 440 Kilometer) kostet nur 32 Mark.
Das Autobahnnetz ist dürr. Vom Berliner Ring aus zweigen die Transitstrekken in Richtung Schwerin (nach Hamburg), über Magdeburg (nach Hannover), über Halle/Leipzig und Erfurt (nach Kassel) und nach Süden (in Richtung München) ab. Sie sind in den vergangenen Jahren mit westdeutscher Finanzhilfe auf westlichen Standard gebracht worden. Wer aus der Bundesrepublik nach West-Berlin fährt und eine dieser Routen benutzt, darf sie nicht verlassen. Die anderen Strecken in Richtung Stettin, nach Frankfurt/Oder, Cottbus, Karl-Marx-Stadt, Dresden und Bautzen sind teilweise in miserablem Zustand, so dass es sich auch des Fahrzeugs zuliebe empfiehlt, die Höchstgeschwindigkeit von 100 Stundenkilometern einzuhalten. Die Volkspolizei lauert im Gebüsch und kassiert vorzugsweise von Rasern aus dem Westen saftige Strafen in harter Währung ab. Die Nord-Autobahn nach Rostock ist einigermassen gut.
Am schönsten ist es, über Land zu fahren – auf den alten Alleen, durch streckenweise unberührte Natur. Manchmal ist es geradezu eine Wohltat, einmal hundert Kilometer oder länger fahren zu können, ohne auch nur eine Autobahn zu kreuzen oder auf perfekt durchdachte Verkehrssysteme zu stossen. Die Landstrassen haben freilich ihren Nachteil: Sie stecken voller tückischer Schlaglöcher, und die Ortsdurchfahrten sind oft mit Kopfsteinen gepflastert. Aber wer nicht im Trabbi (Trabant) mit Bodenhaftung fahren muss, sondern in einer weich gefederten Komfort-Limousine sitzt, der wird viel Freude an den Landschaften, Sehenswürdigkeiten und Besonderheiten der DDR haben.
DDR-Reisen mit dem Motorrad oder Fahrradtouren sind nicht möglich, auch Fusswanderungen werden nur ausnahmsweise erlaubt. Unternehmen wir also eine Autofahrt kreuz und quer durch das Land, um wenigstens einige Städte und Regionen zwischen dem Erzgebirge und der Ostsee, zwischen Elbe und Oder flüchtig kennenzulernen. Einzeltouristen können bei Reisebüros in der Bundesrepublik, in der Schweiz und in Österreich Berechtigungsscheine zum Empfang von Visa beantragen und in mehr als zwanzig Städten Hotelzimmer reservieren. Eine solche Reise wird allerdings nicht billig. Denn der Zwangsumtausch, von den DDR-Behörden etwas weniger unfreundlich «Mindestum-

HOTEL
BERLIN

Linke Seite: Stadtzentrum Ost-Berlins mit «Palast der Republik», Fernsehturm und Hotel «Stadt Berlin».

Oben: Der Barock-Zwinger in Dresden.
Unten: Das Rokoko-Schloss Sanssouci bei Potsdam.

tausch» genannt, beträgt pro Person und Tag 25 DM. Dazu kommen Visagebühren und die enorm teuren Übernachtungen in den vorgeschriebenen Interhotels.
Wie bei jeder Fahrt in einen anderen Staat beginnen wir an der Grenze. Wir überqueren sie auf der Autobahn, aus Hessen kommend, über die von Kali-Rückständen verseuchte Werra hinweg in Richtung Thüringen. Die Grausamkeit der höllisch bewachten Stahl- und Betonsperren, Zäune und Gräben kann niemand verdrängen, auch dann nicht, wenn ein freundlicher, sächsisch sprechender Zöllner den Reisenden mit der Routinefrage nach «Gänsefleisch» erheitert: «Genn' Se v'leisch mal Ihrn Kofferraum uffmachen?»
Oberhalb der ersten grösseren Stadt, Eisenach, liegt die Wartburg. Hier übersetzte Martin Luther, als «Junker Jörg» verkleidet und versteckt, 1521/22 die lateinische Bibel ins Deutsche. Zum 500. Geburtstag des Reformators wurde die Wartburg gründlich restauriert. Sie bietet nicht nur einen prächtigen Anblick, sondern auch eine wundervolle Aussicht auf die idyllischen Berge und Wälder Thüringens.
Gotha, Erfurt, Weimar, Jena – Städte deutscher Geschichte und Kultur: Historische Stätten wie das Goethe- und das Schiller-Haus in Weimar, Schlösser und Burgen, Bürgerhäuser und Denkmäler, Kirchen und Dome sind kunst- und liebevoll restauriert worden. Ein besonders gelungenes Beispiel für vernünftige Stadterhaltung ist in Gera zu sehen: Hier wurden historische Bezüge sichtbar gemacht und gleichzeitig für das Leben in einer Bezirkshauptstadt erschlossen.
Thüringen und das südlich von Gera gelegene Vogtland (um die Stadt Plauen) sind landschaftlich besonders reizvoll. Ausserdem ist die Thüringer Gastlichkeit berühmt. Und wer Glück hat, findet sogar gemütliche Gasthäuser mit wohlschmeckenden Spezialitäten der Gegend.
Karl-Marx-Stadt, das frühere Chemnitz, ist eine eher unansehnliche Industrie-Metropole. Im Süden, nahe der Grenze zur Tschechoslowakei, liegen die Wintersportzentren Klingenthal und Oberwiesenthal. Auf den Höhen des Erzgebirges wächst kein Baum mehr. Gespenstisch sehen die nadellosen Fichten aus, deren Stämme über weite Strecken schon zu astlosen Stümpfen verkümmert sind. Nirgendwo in Mitteleuropa ist das Waldsterben auf so grauenvolle Weise fortgeschritten wie hier. In Dresden, jener Stadt, die am 13. Februar 1945 von Bombengeschwadern der Alliierten sinnlos in einer einzigen Nacht zerstört wurde, sind die Wunden und Narben des Krieges bis heute nicht verheilt. Neben den Schlössern, Galerien und Kirchen der alten Kunst- und Residenzstadt «Elb-Florenz» sind die DDR-typischen Wohn- und Geschäftskomplexe entstanden, die in ihrer trostlosen Gleichförmigkeit einen merkwürdigen Kontrast zu kunstvoll restaurierten Barockbauten und den schwarzen Mauern der Ruinen bilden. Elbeaufwärts erstreckt sich die Sächsische Schweiz, eine wechselvolle Landschaft mit schluchtartigen Tälern und bizarren Felsmassiven. Im äussersten Südosten der DDR schliesst sich die liebliche, wald-, wasser- und wiesenreiche Oberlausitz an.

Zweimal im Jahr, im Frühling und im Herbst, findet in Leipzig die Messe statt. Zu dieser Zeit herrscht in der Stadt «Ausnahmezustand». Alles ist auf die ausländischen Handelsleute zugeschnitten. Im Zentrum wurde das riesige Luxus-Hotel «Merkur» errichtet, nur für Gäste mit harten Devisen. Das neuerbaute Gewandhaus, Stammsitz des weltberühmten Gewandhaus-Orchesters, gilt bei Musikfreunden in aller Welt als einer der schönsten und besten Konzertsäle Europas. Während der regelmässigen Sonnabend-Vespern in der Thomaskirche singt der berühmte Thomaner-Knabenchor Bachsche Kantaten und Motetten. Bekannt aus Goethes Faust ist Auerbachs Keller, ein historisches Weinlokal der alten Universitätsstadt.

Nördlich von Leipzig beginnen die Braunkohlefelder, die sich nach Osten bis Cottbus hinziehen. Mitten im sächsischen Industriezentrum um Halle liegt die Chemie-Stadt Bitterfeld. «In B. steigt nur aus, wer hier wohnt oder arbeitet oder sonst hier zu tun hat», schrieb die Ost-Berlinerin Monika Maron in ihrem Buch «Flugasche», das in der DDR nie erscheinen darf. Gehässige Leute sagen: «Wer einmal in Bitterfeld war, findet es überall schön.» Tatsächlich ist Bitterfeld eine der schmutzigsten Städte Europas. Es stinkt entsetzlich aus den Schloten des Chemie-Kombinats und des Kraftwerks.

Eine in Mitteleuropa einmalige Flussinsellandschaft gibt es nordwestlich von Cottbus: den Spreewald. Durch die Flussverästelungen der Spree entstanden romantisch anmutende Fliesse, die als Wasserstrassen die anliegenden Höfe, Felder und Wiesen miteinander verbanden. Noch heute läuft der Verkehr in diesem Teil der Niederlausitz auf den Wasserwegen ab. Beliebt bei Ausflüglern sind Spreewald-Rundfahrten. In flachen Kähnen, die mit vier Meter langen hölzernen Staken lautlos vorwärtsbewegt werden, geht die beschauliche Fahrt vorbei an Wiesen, Gemüsefeldern, Heuschobern und alten Blockhäusern zu den bevölkerten Ausflugsgaststätten.

Zwei vielbesuchte Städtchen sind Quedlinburg und Wernigerode am Nordrand des Harzes. Ihre malerische Lage am Fuss des Mittelgebirges und die mittelalterlichen Stadtkerne mit historischen Fachwerkgebäuden machen den Reiz der beiden Orte aus. Von Wernigerode führt die Harzquerbahn in romantischer Fahrt durch das Gebirge nach Süden. Eine der Stationen mit niedlichen alten Bahnhöfen heisst Elend. Hier ist einmal wieder die DDR zu Ende: «Grenzgebiet».

Der Gipfel des Brockens, des höchsten Harzberges, ist unerreichbar. Nur die Hexen, die in der Walpurgisnacht vom Hexentanzplatz in Thale starten und auf ihren Besen durch die Luft fliegen, schaffen es – wenigstens der Sage nach – bis zum Brocken ...

Die Harzquerbahn endet in Nordhausen. In Bechsteins Märchen wird erzählt, wie einst der Teufel dorthin kam, nachdem er «den Branntwein erdacht und erfunden» hatte: «Und er zeigte den Nordhäusern allen miteinander, wie der Schnaps gemacht wird, und versprach ihnen viel Gut und Geld, wenn sie's lernten und Branntwein brennten. Und die Nordhäuser liessen sich's nicht zweimal

Das Barbarossa-Denkmal am Kyffhäuser, nahe bei Nordhausen. In seiner Höhle werde der Kaiser, so erzählt die Sage, im Jahr 2190 erwachen, um zu sehen, ob das Deutsche Reich einig sei...

sagen und wurden Schnapsbrenner und machten Branntwein und schenkten ihn in die Welt hinein.» Noch heute wird in Nordhausen ein wohlschmeckender Korn gebrannt – freilich nicht mehr von teuflischen Schwarzbrennern, sondern vom volkseigenen Betrieb «VEB Nordbrand».

Nicht weit von hier erhebt sich der Kyffhäuser, der eine wunderbare Aussicht über die Goldene Aue bis zum Harz und weit ins Thüringer Land bietet. Um die berühmte Barbarossahöhle rankt sich diese Sage: Der alte Kaiser Barbarossa sitze mit seinem langen Bart schlafend an einem steinernen Tisch drinnen im Berg und werde alle tausend Jahre von einem Raben geweckt, um zu sehen, ob das deutsche Reich nun endlich einig sei...

Nördlich des Harzes, an der Elbe, liegt Magdeburg, eine alte Bischofs- und Domstadt. Heute hat Magdeburg den grössten Binnenhafen der DDR, und die Industrie konzentriert sich auf den Anlagen- und Schwermaschinenbau. Auf dem Weg in Richtung Potsdam und Berlin liegt an der Landstrasse das Dörfchen Ribbeck. In jedem deutschen Schulbuch ist Theodor Fontanes Gedicht vom «Herrn von Ribbeck auf Ribbeck im Havelland» zu lesen, in dessen Garten ein Birnbaum stand. Am alten Gutshaus ist es noch heute so still, dass man den Birnbaum flüstern hören könnte: «Willste 'ne Birn?»

«Berlin/Hauptstadt der DDR» steht auf den Ortsschildern der Halb-Stadt, in deren Ostteil das SED-Zentralkomitee, der Staatsrat und der Ministerrat ihre Sitze haben. Keine zweite Metropole der Welt hält es für nötig, ihre Hauptstadtfunktion derart hervorzukehren. Unvorstellbar wäre etwa «Bern/Hauptstadt der Schweiz» oder «Wien/Hauptstadt Österreichs». In der DDR ist dieser aufdringliche Zusatz ein Politikum: Ost-Berlin soll sich von West-Berlin abheben und gleichzeitig den «Arbeiter-und-Bauern-Staat» aufwerten.

Fast alle historischen Gebäude der ehemaligen deutschen Hauptstadt stehen im Osten – ein Standortvorteil, den die Nachkriegsgeschichte so gefügt hat. Der Glanz der einstigen Weltstadt Berlin fehlt allerdings heute. Und nicht nur die Prachtstrasse Unter den Linden, die vom wiederaufgestellten Reiterdenkmal des Preussenkönigs Friedrich II. bis zum Brandenburger Tor verläuft, endet abrupt an der Mauer, die Ulbricht und Honecker 1961 mitten in Berlin bauen liessen. Das alte Preussen wird wieder lebendig, wenn sich jede halbe Stunde die Ehrenposten an der «Neuen Wache» Unter den Linden, heute Mahnmal für die Opfer des Faschismus, im Stechschritt ablösen oder wenn allwöchentlich mit Trommeln und Pfeifen der «Grosse Wachaufzug» inszeniert wird. In der Nationalen Volksarmee wird preussisches Erbe, soweit es sich mit sozialisti-

schen Soldatentugenden verbinden lässt, gepflegt. Auch im nahen Potsdam ist viel getan worden, um dieses Zentrum preussischer Verwaltung und Kultur wiedererstehen zu lassen. Friedrichs des Grossen Schloss Sanssouci mit seinem Rokoko-Garten ist ein sehenswerter Anziehungspunkt für Touristen.
Etwa 60 Kilometer nördlich von Berlin liegt der Werbellinsee. An seinem Ufer, im Jagdschloss Hubertusstock, trafen sich 1981 Honecker und der damalige westdeutsche Bundeskanzler Helmut Schmidt. Viele Hoffnungen, die sich an diese Begegnung knüpften, blieben unerfüllt. Aber das deutsch-deutsche Spitzengespräch hat eine gewisse Stetigkeit in die Beziehungen zwischen den beiden deutschen Staaten gebracht, die durchaus tragfähig, wenngleich noch längst nicht «normal» oder «gutnachbarlich» sind. Der Werbellinsee liegt am Rand der Mark, einer wald- und wasserreichen Landschaft, deren Gesicht den ganzen Norden der DDR prägt. Der Journalist und Schriftsteller Theodor Fontane hat diese Gegend durchwandert und vor 120 Jahren in mehreren Büchern beschrieben. Einer seiner Romane heisst «Der Stechlin». An den Ufern des zauberhaften Stechlinsees erholen sich im Sommer Tausende DDR-Familien, die in den umliegenden Betriebsferienheimen und in den vom Gewerkschaftsbund betriebenen Urlaubszentren wohnen. Ausserhalb der Ferienzeit hat es in den Dörfern rund um den Stechlinsee den Anschein, als sei hier seit Fontanes Zeiten die Uhr stehengeblieben.
Ganz in der Nähe liegt Rheinsberg, bekannt durch Kurt Tucholskys spritzige Liebesgeschichte, die in diesem märkischen Landstädtchen mit seinem Wasserschlösschen spielte. Wer genau hinsieht, kann noch heute die versteckten Reize des Ortes finden. Doch allmählich verblassen sie. Wie in vielen Gemeinden der DDR-Provinz fehlen Geld, Baumaterial und Arbeitskräfte, um die Substanz zu erhalten. So blättert vieles ab, manches verfällt, hier und da mussten baufällige Häuser abgebrochen werden. Immer mehr Lücken werden ins historische Stadtbild gerissen.
Nicht weit von hier ist ein anderer Teil der deutschen Geschichte sichtbar, der den Besucher erschüttert. Nach Ravensbrück wurden zwischen 1939 und 1945 rund 132 000 Frauen und Kinder verschleppt, weil sie Gegner des Naziregimes waren oder als rassisch minderwertig eingestuft wurden. 92 000 Menschen wurden in diesem KZ erschlagen, vergiftet, erschossen oder vergast. Auf dem Gelände des ehemaligen grössten Frauenkonzentrationslagers der nationalsozialistischen Regierung wurde 1959 eine Nationale Mahn- und Gedenkstätte eingeweiht. In der DDR wird grosser Wert darauf gelegt, dass junge Menschen diese Stätte faschistischer Barbarei in Ravensbrück wie auch andere ehemalige Konzentrationslager, zum Beispiel in Buchenwald und in Sachsenhausen, kennenlernen.
Abseits der grossen Strassen liegt das brandenburgische Städtchen Neuruppin – eine im 18. Jahrhundert angelegte preussische Modellstadt mit frühklassizistischen Bürgerhäusern und riesigen Paradeplätzen. Der Geburtsort Fontanes steht heute vollständig unter Denkmalschutz. Hier wurden im 19. Jahrhundert

die in ganz Deutschland verbreiteten und vielgelesenen «Neuruppiner Bilderbogen» gedruckt, die Vorläufer der heutigen Illustrierten. Die Mecklenburgische Seenplatte gehört zu den beliebtesten, aber nicht unbedingt zu den belebtesten Erholungsgebieten. Die oft von Wald umsäumten Gewässer mit ihren sandigen Ufern sind tatsächlich noch blau und klar. Die Luft ist rein in diesem Landstrich, Tier- und Pflanzenwelt sind erstaunlich unversehrt. Ausserhalb der FDGB-Urlauberzentren und der Betriebsferienheime trifft der Spaziergänger oft stundenlang keinen Menschen. Die Landschaft, besonders die Mecklenburgische Schweiz mit ihren sanften Erhebungen, ist malerisch und wirkt mit ihrer Stille beruhigend.

Die vier Hafenstädte Wismar, Rostock, Stralsund und Greifswald haben ihren eigenen Charakter. Nicht nur die roten Backsteinbauten – Kirchen ebenso wie Patrizierhäuser und Kornspeicher – erinnern an die hanseatische und bürgerliche Vergangenheit.

In Stralsund – die Einheimischen rollen das R und betonen auf der ersten Silbe – wird mit viel Mühe versucht, die zerfallende Innenstadt zu retten. In der Nachbarstadt Greifswald ist es gelungen, eine Harmonie zwischen handwerklich wiederhergestellten historischen Gebäuden und industriell gefertigten Neubauten zu schaffen. Auch im Rostocker Hafenviertel wird ein solches Nebeneinander angestrebt und mit Geschick verwirklicht. Aber in Stralsund geht das Bauschaffen heute langsamer als im Mittelalter, und die Denkmalschützer haben einen schweren Stand. Um so flotter wird auf der «Volkswerft» gearbeitet. 7000 Beschäftigte bauen rund um die Uhr riesige Fabrikschiffe für die sowjetische Fischfangflotte. Die Sowjetunion ist Stralsunds grösster Arbeitgeber. Der schönste Blick auf die Silhouette der 750 Jahre alten Stadt bietet sich demjenigen, der über den Rügendamm oder mit dem Schiff von der grössten deutschen Insel kommt. Rügen ist von einer wechselvollen Landschaft geprägt: Nehrung, Sandstrand, Steilküste, hügelige Moränen, abgeschnürte Binnenseen, Getreideäcker, saftige Wiesen, lichter Laub- und dichter Nadelwald, und schliesslich die bizarren, leuchtenden Kreidefelsen. Ganz besonders hübsch ist es auf der 17 Kilometer langen Insel Hiddensee vor der Westküste Rügens. Dort sind nur Fussgänger und Radfahrer unterwegs. Hiddensee ist für Kraftfahrzeuge gesperrt.

An beiden Enden der 370 Kilometer langen Ostseeküste, in Ahlbeck an der polnischen Grenze und hinter Boltenhagen an der Grenze zur Bundesrepublik, ist für DDR-Bewohner die Welt zu Ende. «Halt! Staatsgrenze!» Dahinter Stacheldraht, Mauern, Schussfeld. Am nordwestlichen Grenzübergang Schlutrup herrscht reger Lastwagenverkehr. Aus halb Europa werden Gift- und Sonderabfälle in die Deponie bei Schönberg gebracht. Die DDR unterhält hier Europas grössten Müllschlucker und verdient glänzend daran. Hier verlassen wir die DDR wieder. Noch zehn Kilometer bis Lübeck.

Alltag: Geborgen im Kollektiv, zufrieden auf der Datsche

«Keine Zeit zu haben», so formulierte 1979 der DDR-Soziologe Helmut Hanke, «von den vielen Notwendigkeiten des beruflichen, familiären und gesellschaftlichen Lebens getrieben zu sein, (ist) zumindest in der DDR allgemein zu beobachten. Es ist ein psychologischer Ausdruck der realen Zeitsituation, in der sich die berufstätigen Erwachsenen befinden, und keineswegs eine Einbildung.» Das hat sich seitdem nicht verändert. Die Dauer der Arbeitszeit ist gleichgeblieben, der Urlaub ist nicht verlängert worden. Der Alltag ist noch immer schwierig zu organisieren, die Freizeit ist so knapp wie damals. Und dieser Zeitmangel betrifft nahezu jeden Erwachsenen zwischen Rostock, Erfurt und Dresden, denn fast alle Männer und Frauen sind berufstätig. Ihr Alltag ist davon geprägt.

Ein Werktag beginnt früh in der DDR. Die Produktionsbetriebe fangen zwischen sechs und sieben, die Büros zwischen sieben und acht Uhr mit der Arbeit an. Nur für etwa eine Million der ungefähr 8,5 Millionen Werktätigen – so heissen die Berufstätigen in der DDR – gilt der 8-Stunden-Arbeitstag und damit die 40-Stunden-Woche. Alle anderen arbeiten 8¾ Stunden am Tag und 43¾ Stunden in der Woche. Die Autodichte ist geringer als in den westlichen Ländern, und in einer Familie gibt es nicht mehr als ein Auto – von ganz wenigen Ausnahmen abgesehen. Ein grosser Teil der Berufstätigen ist auf öffentliche Verkehrsmittel angewiesen. Diese sind zwar sehr billig (eine Fahrkarte im innerstädtischen Verkehr kostet in Ost-Berlin 20 Pfennige, in anderen Städten noch weniger, und auch die Eisenbahnfahrkarten sind ausserordentlich preiswert), doch das Angebot ist den Spitzenzeiten des Berufsverkehrs nicht angepasst. Lange Wegzeiten zum und vom Arbeitsplatz bestimmen vor allem in den Städten und in den industriellen Ballungszentren den Arbeitstag, der sich so auf zehn bis elf Stunden verlängert.

Sind in den Familien kleinere Kinder, müssen diese noch vor Arbeitsbeginn in die Kinderkrippe, den Kindergarten oder den Schulhort gebracht und am Abend wieder abgeholt werden. Diese staatlichen Einrichtungen zur ganztägigen Betreuung der Kinder öffnen um sechs Uhr morgens und schliessen um sechs Uhr abends. Danach muss noch der tägliche Einkauf erledigt werden. Da fast alle berufstätig sind, drängeln sich die meisten nach Dienstschluss an den Kassen der Kaufhallen – so heissen in der DDR die Supermärkte. Lange Wartezeiten auch hier. Nicht immer ist alles vorrätig, was man braucht oder was man kaufen wollte. Viele Berufstätige, vor allem Frauen, die in Büros arbeiten, machen ihre Einkäufe während der Arbeitszeit. Dafür verlängern sie ihre Mittagspause. Um diese Zeit lassen sich rare Artikel auch besser erstehen als an den Abenden. Fast alle, die unterwegs sind, haben einen Einkaufsbeutel dabei, denn Plastik- oder Papiertragetaschen gibt es in kaum einem Geschäft. Der Einkauf soll nicht daran scheitern, dass man Begehrtes nicht nach Hause tragen kann. Denn man könnte ja unterwegs etwas entdecken, was man schon lange sucht. In der DDR kauft man die nicht alltäglichen Waren ein, wenn es sie gibt, und nicht erst, wenn man sie braucht; denn dann könnten sie gerade nicht im Angebot sein.

Viel Zeit bleibt den Familien am Feierabend nicht. Die Hausarbeit muss in der knappen Zeit am Abend erledigt werden und schmälert die Freizeit erheblich, vor allem die der Frauen. Denn trotz der verbreiteten Berufstätigkeit der Frauen bleibt diese Arbeit auch in der DDR überwiegend an ihnen hängen. Für Hobbies, Kino- oder Theaterbesuche während der Arbeitswoche ist selten Zeit. Die Veranstaltungen beginnen mit Rücksicht auf den frühen Arbeitsanfang um 19 oder 19.30 Uhr. Das ist für die meisten zwischen Montag und Freitag gar nicht zu schaffen – schon gar nicht, wenn kleinere Kinder im Haus sind. Fast überall in den Dörfern und Städten der DDR gehen abends um 22 Uhr die Lichter aus.

Und auch am Wochenende hört die Arbeit zu Hause nicht auf. Für die Frauen stehen Wohnungsputz und Wäsche auf dem Programm. Die Männer polieren die Autos. Auch kleinere Reparaturen werden meist selbst ausgeführt. Nicht nur die Wartezeit auf ein Auto ist lang, sondern auch auf einen Werkstatttermin. Und die gute Pflege ist notwendig. Denn bis der nächste Neuwagen nach zehn oder zwölf Jahren geliefert wird, muss der alte halten. Auch Schönheitsreparaturen in der Wohnung oder im Haus oder kleinere Reparaturen an Haushaltsgeräten versuchen die meisten erst einmal selbst zu erledigen. Handwerker sind in der DDR noch schwerer aufzutreiben als anderswo.

Ihre Freizeit verbringen die DDR-Bürger überwiegend zu Hause. In den eigenen vier Wänden ruhen sie sich aus von der Arbeit. Und damit es dort auch gemütlich ist, wird viel Geld in die Wohnungen investiert. Möbel und Auslegeware sind sehr teuer, aber auch Fernseher oder Stereoanlagen. Wer Holz besorgen kann (das ist einer der besonders knappen Artikel), verschalt seine Wände. Die Familie und ein meist kleiner, überschaubarer Freundeskreis sind fast allen DDR-Bürgern sehr wichtig. Nicht selten sind diese Freundschaften am Arbeitsplatz entstanden. Der engste Kollegenkreis teilt mehr als nur die Arbeit miteinander. Alle nehmen an den privaten Sorgen und Nöten, aber auch an den Freuden der anderen teil. Arbeitskollektive haben eine Brigadekasse, aus der gemeinsame Ausflüge oder Restaurantbesuche finanziert werden. Das festigt die Beziehungen untereinander.

Fernsehen ist die Freizeitbeschäftigung Nummer eins. Lediglich im Urlaub tritt es hinter Sport, Wandern und Lesen auf einen hinteren Platz der Beliebtheitsskala. Wer kann, sieht die Programme der westdeutschen Fernsehstationen. Die eigenen Rundfunk- und Fernsehsender sind in der DDR weniger beliebt. Nur in den Bezirken Rostock und Dresden und in Teilen der Bezirke Cottbus und Karl-Marx-Stadt ist der Empfang des Westfernsehprogramms nicht möglich. Rundfunk- und Fernsehstationen von ARD und ZDF haben entlang der innerdeutschen Grenze zusätzliche Sendemasten aufgestellt, um in die DDR strahlen zu können. Dafür wurden sogar Mittel aus dem Etat der westdeutschen Bundesregierung locker gemacht. Heute sind rund 40 Prozent der Haushalte in der DDR verkabelt. Diese technische Innovation dient lediglich dem besseren Empfang der Programme. Es wurde vor allem dort verkabelt, wo Neubaugebiete die Sendungen störten. Aber es werden nicht nur DDR-Programme eingespeist, sondern immer die, die schon vorher am Ort zu empfangen waren. Seit einigen Jahren gibt es Gerüchte über die Verkabelung der Stadt Dresden, wo westliche Programme überhaupt nicht gesehen werden können. Die Bewohner der Stadt und der Umgebung sind ausschliesslich auf DDR-Medien angewiesen. Spöttisch wird diese Region das «Tal der Ahnungslosen» genannt. In anderen Teilen des Landes, in denen man ohne Westfernsehen auskommen muss, helfen sich die Bewohner selbst. Im Erzgebirge gibt es einige Orte, in denen sich die Einwohner zu sogenannten «Kabelgemeinschaften» zusammengeschlossen haben, um über eine gemeinsame Antenne auch ARD und ZDF empfangen zu können. Die Anträge sind pfiffig formuliert und bringen Behörden nicht in Bedrängnis. Sie wollen nämlich das «internationale Programm» empfangen, beispielsweise tschechisches oder polnisches Fernsehen. Das ist wegen der Grenznähe dann auch möglich. Aber es ist ein vorgeschobener Grund.

Doch nicht nur das Fernsehen hält die Leute zu Hause. Auch mit den Freunden trifft man sich überwiegend in den eigenen Wohnungen. Denn Kneipen und Restaurants sind rar. In den Dörfern gibt es bestenfalls noch ein, meist ungemütliches, Wirtshaus. Auch in den Städten gibt es nicht genug. Die meisten Gaststätten gehören der staatlichen Handelsorganisation (HO) und der genossenschaftlich geführten Organisation «Konsum». Private Gaststätten sind selten geworden. Neuerdings werden aber wieder mehr Konzessionen dafür vergeben. Ein einmal heruntergekommenes Lokal wieder aufzumöbeln, kostet Nerven, Phantasie und Geld. Aber wer sich die Mühe macht, kann sicher sein, genügend Publikum zu haben – erst recht, wenn nicht alltägliche Speisen angeboten werden und die Bedienungen freundlich sind. Oft wird beklagt, dass in den Gaststätten von HO und Konsum die Kellnerinnen und Ober «muffig» sind. Der Gast fühlt sich oft abserviert. Der Wiener Hofrat Friedrich Epstein, Präsident der Freundschaftsgesellschaft Österreich–DDR, mokierte sich über die Bedienungen. Am meisten missfiel ihm, «dass oft zwei kleine Worte fehlen – danke und bitte».

Auffallend häufig kommt es in der DDR vor, dass Speisen, die auf der Karte angeboten werden, nicht vorrätig sind. Viele Gäste fragen: «Gibt es heute...?» anstatt: «Ich möchte bitte...» Oft sind Speisen mangelhaft oder lauwarm. Trotz des vielkritisierten Angebots werden in der DDR überdurch-

Oben: Lesender Arbeiter. Eine «Komplex-Annahmestelle» ist eine kombinierte Wäscherei, Reinigung und Schuhreparatur.

Unten: Gartenzwerg-Idylle. Eine Datschen-Siedlung, wie man sie oft am Rande der Grossstädte antrifft.

schnittlich hohe Trinkgelder gegeben. Nur zehn Prozent gelten schon fast als Beleidigung des Bedienungspersonals. Der Gast möchte die Gunst der Kellnerinnen und Kellner behalten. Er will ja wiederkommen und dann vielleicht einen guten Platz haben. Obwohl Kellner einen verhältnismässig niedrigen Grundlohn von rund 550 bis 700 Mark haben, gehören sie durch die Trinkgelder zu den Spitzenverdienern. Inzwischen ist die ganze DDR von einem Netz von HO- und Konsum-Klubgaststätten überzogen, die als «Wohngebietsgaststätten» vor allem in den Neubaugebieten eingerichtet sind. Sie werden im Typenbau errichtet – gleiches Gebäude, gleiche Raumaufteilung, gleiche Einrichtung. Diese Gaststätten haben eine Vielzahl von Funktionen. Mittags dienen sie der Arbeiterversorgung für umliegende Betriebe, die nicht über eigene Kantinen verfügen, oder der Schülerspeisung. Zum Kaffee finden Altennachmittage statt. Abends sind sie dann für die Bewohner des Viertels geöffnet. Doch meist ist es schwierig, Plätze zu finden. Essen und Trinken ist im allgemeinen preiswert. Ein kleines Bier (0,25 l) kostet in einer einfachen Ost-Berliner Eckkneipe 51 Pfennige. Ein normales Mittagessen in einer Klubgaststätte oder in Lokalen mittlerer Qualität kostet – einschliesslich Getränken kaum mehr als acht Mark. Wer aber in einer Kleinstadt nach 21.30 Uhr noch Durst oder gar Hunger bekommt, muss erst einmal suchen, bis er ein offenes Wirtshaus findet, wo es noch eine Kleinigkeit zu essen gibt. Und am Wochenende, wenn die meisten Menschen für einen Gaststättenbesuch Zeit hätten, hängt an vielen Lokalen draussen ein Schild: «Heute Schliesstag». So sagen sich viele: Warum also lange suchen, sich dann noch über Kellner und Speisen ärgern? Da bleibt man doch besser zu Hause. Aber es gibt auch noch viele gut geführte, gepflegte und reizvolle Gaststätten – vor allem im Süden des Landes –, in denen der Gast liebevoll behandelt wird und sich wohlfühlt. Manchmal sind es entlegene, alte Gasthäuser, die im Familienbesitz geblieben sind. Die gelten als Geheimtip.

Von jedem DDR-Bürger wird erwartet, dass er sich «gesellschaftlich betätigt». Er soll einen Teil seiner freien Zeit für die Gemeinschaft zur Verfügung stellen und ehrenamtliche Funktionen übernehmen. Die meisten beschränken sich darauf, ihr «gesellschaftliches Engagement» als zahlende, aber inaktive Mitglieder einer der zahlreichen Organisationen «unter Beweis zu stellen». Wer aber beruflich weiterkommen oder über den Betrieb eine bessere Wohnung bekommen will, von dem wird schon etwas mehr verlangt.

Doch DDR-Bürger haben ein sicheres Gespür für solche «Pöstchen», die gut und wichtig klingen, aber nicht allzuviel Arbeit bedeuten. Oberster Grundsatz für die meisten: Diese Betätigung sollte sich möglichst während der Arbeitszeit erledigen lassen. Wenn das nicht geht, darf nicht viel Freizeit dafür geopfert werden. Mitglied in der Hausgemeinschaftsleitung ist ein wohlklingendes Amt, das in jedem grösseren Wohnhaus besetzt sein muss. Eine andere Funktion: In jedem Haus gibt es ein Hausbuch, in das alle Ein- und Auszüge, alle Übernachtungen von Ausländern und alle längeren Aufenthalte von

Nachfolgende Doppelseite: Viele alte Landgasthäuser wie dieses hier in Menz in der Mark Brandenburg sind heruntergekommen und selten geöffnet. Die Speisekarten sind recht dürftig, aber Essen und Trinken ist billig.

DDR-Bürgern eingetragen werden müssen. In grösseren Wohnhäusern wird jemand damit betraut, dieses Hausbuch zu führen. Ebenso wird als gesellschaftliche Tätigkeit die Mitgliedschaft im Elternaktiv der Klasse des eigenen Kindes anerkannt. Das Elternaktiv ist die Klassenelternvertretung, ein Gremium, dem gewöhnlich fünf Leute angehören. Andere werden ehrenamtliche Schöffen, übernehmen wichtige Funktionen in der Betriebsgewerkschaftsleitung, arbeiten in ihrer Freizeit in der Jugendhilfe mit oder kümmern sich in der «Volkssolidarität» um alte und kranke Menschen. Gerade diese sozialen Aktivitäten werden allerdings meistens nicht auf Grund einer Verpflichtung, sondern aus Überzeugung übernommen.
Wer Mitglied in der SED ist – das ist immerhin jeder sechste Erwachsene über 18 Jahren –, hat auch seinen Montagabend verplant. Denn der gehört der Partei. Montags finden die Versammlungen und Schulungen statt. Zwar sollte eine Genossin oder ein Genosse das nicht als Einschränkung der Freizeit betrachten, aber eine Beschneidung der real verfügbaren Zeit für Hobbies ist es doch.
In der DDR hört nach Betriebsschluss die Arbeit noch nicht auf. Nicht nur die Hausarbeit und Kleinreparaturen müssen gemacht werden. Viele verdienen sich am Feierabend noch etwas dazu. Der Lebensstandard ist zwar, verglichen mit den Nachbarn in den sozialistischen Staaten, durchaus respektabel, doch die DDR-Bürger messen sich nicht mit Polen oder Rumänien, sondern orientieren sich an dem Standard der westlichen Länder, allen voran an der Bundesrepublik. Fast alles, was im Westen diesen Standard ausmacht, kann man auch in der DDR haben: Mittelklassewagen, manchmal sogar westliche Typen, bestimmte Wohnungseinrichtungen, Stereoanlagen, Farbfernseher. Doch diese Konsumartikel gibt es in der DDR nur zu enormen Preisen. Grundnahrungsmittel, Mieten, Sozialleistungen, Fahrten mit öffentlichen Verkehrsmitteln, Gas, Strom oder Kohle sind dagegen extrem billig. Die Preise werden vom Staat subventioniert. Das schlägt er aber bei den «Waren des gehobenen Bedarfs» – wie Konsumartikel im DDR-Behördendeutsch heissen – wieder drauf. Ein Mittelklassewagen östlicher Bauart (etwa der Wartburg aus der DDR, der Skoda aus der CSSR oder der Lada aus der UdSSR) ist unter 23 000 Mark kaum noch zu haben. Wartezeit: 12 Jahre und länger. Die seltenen westlichen Importe kosten bis zu 35 000 Mark. Für ein Farbfernsehgerät muss man 4500 bis 6000 Mark sparen, und für eine kleine Auswahl an französischem Käse und ein paar Flaschen Wein von der Mosel muss man im «Deli-

sthaus „Zum

ssen Hirsch"

kat»-Laden rund 100 Mark auf den Verkaufstisch blättern. Zwei Wochen Urlaub am Schwarzen Meer kosten für eine vierköpfige Familie mindestens 6000 Mark. Wer sich einen solchen Lebensstandard leisten will, kommt mit einem normalen Einkommen nicht aus. Rund 1700 Mark brutto betrug 1987 das durchschnittliche Familieneinkommen.

Wer sein Einkommen aufbessern will und Phantasie und Zeit hat, dem bieten sich viele Möglichkeiten. Am besten sind die dran, die handwerkliche Fähigkeiten besitzen, denn der gesamte Dienstleistungsbereich ist chronisch unterbesetzt in der DDR. Die Handwerkskapazitäten reichen gerade für die staatlichen Betriebe. Wer privat einen Klempner oder Maurer braucht, ruft diese am Feierabend und zahlt noch etwas extra, damit sie überhaupt kommen.

Einen guten Nebenverdienst bieten die Privattaxifahrten in der Nacht. Mit bestimmten Auflagen ist das inzwischen erlaubt. Andere verdienen sich ihr Geld in neuerstellten Wohngebieten, indem sie anbieten, Löcher in die Betonwände zu bohren. Denn Bohrmaschinen gehören zu den Mangelartikeln. Beim Stückpreis von 50 Pfennigen pro Loch kommen da schnell ein paar Mark zusammen.

Wer in den Feriengebieten – an der See oder in den Bergen – ein eigenes Haus bewohnt und noch etwas Platz hat, vermietet Zimmer an Betriebe, das Reisebüro oder den Feriendienst der Gewerkschaft. Manche bauen dafür ihr Haus aus oder rücken in den Ferienmonaten eng zusammen, um ein oder zwei Zimmer abgeben zu können.

Ältere Menschen bieten ungenutzte Zimmer ihrer Wohnung Betrieben an, damit diese dort ihre Arbeitskräfte einquartieren können, die von ausserhalb zuziehen und noch keine Wohnung haben. Die Betriebe zahlen viel mehr als den normalen Untermieterpreis. So ein Zimmer bringt also nicht 15 oder 20 Mark, sondern ganz leicht 60 oder sogar 100 Mark ein. Während Jüngere von der Wohnungsverwaltung eine kleinere Wohnung zugewiesen bekommen können, wenn sich die Zahl der Familienmitglieder verringert, geniessen Rentner Kündigungsschutz – ganz unabhängig davon, wie gross ihre Wohnung ist. Andere Rentner arbeiten stundenweise in ihren früheren Arbeitsstellen weiter. Für sie ist der Zuverdienst wichtig, denn die Renten in der DDR sind ausgesprochen niedrig. Der grösste Teil der älteren Menschen hat nicht mehr als 300 bis 400 Mark Rente im Monat. Für diejenigen, die im «Feierabendheim» (Altersheim) wohnen, reicht das Geld aus. Denn ein Platz im Zweibettzimmer – das ist die übliche Unterbringung – kostet 110 Mark. Darin sind Unterbringung, Verpflegung und Betreuung eingeschlossen. Doch wer noch seinen eigenen Haushalt hat, kommt mit der schmalen Rente kaum hin. Inzwischen kann man zwar durch eine Zusatzversicherung sein Altersruhegeld deutlich erhöhen, aber das gilt noch nicht für diejenigen, die heute im Rentenalter sind.

Zu den beliebten Freizeitbeschäftigungen gehört die Gartenarbeit. Wer auf dem Land ein Ein- oder Zweifamilienhaus bewohnt, hat sein Gärtchen meist

Nächste Seite:
Eine Ordensfrau vor dem historischen Gasthaus «Vinzenz Richter» in Meissen. Die einheimischen wohlschmeckenden Weine sind leider nur selten zu haben.

gleich vor der Haustür. Die Städter bemühen sich um ein schnell erreichbares Grundstück. Noch in den fünfziger Jahren galt der Schrebergarten als kleinbürgerliches Relikt, das man bald zu überwinden geglaubt hatte. Das Gegenteil ist eingetreten. Ungebrochen erfreut sich der Kleingarten grosser Beliebtheit. Der Staat hatte ein Einsehen mit den Wünschen der Bürger. Mehr und mehr werden wieder Kleingartenanlagen eingerichtet. Die Parzellen werden bevorzugt an junge Familien mit Kindern verpachtet. Zumindest für die Städter ist so ein Kleingarten – in der DDR «Datsche» genannt – ein Statussymbol. Viele dieser Datschen sind winterfeste Quartiere, die manchmal besser ausgestattet sind als die Wohnungen. Denn die Städter wohnen ja fast ausschliesslich zur Miete. Auf die Qualität dieser Häuser, die überwiegend in kommunalem oder genossenschaftlichem Besitz sind, haben sie keinen Einfluss. Das ist beim Wochenendhäuschen ganz anders. Dort kann jeder seine Individualität beweisen.
Beinahe jedes Grundstück hat ein Nutzgärtchen. Dieses ist nicht nur Hobby, sondern es dient auch der eigenen Versorgung. Noch immer ist das Angebot der Obst- und Gemüseläden aus westlicher Sicht dürftig. Dort wird fast ausschliesslich das verkauft, was im eigenen Land gerade Saison hat. Importiert wird wenig – einmal abgesehen von Melonen aus Bulgarien, die es im Sommer manchmal in den Grossstädten zu kaufen gibt, oder kubanische Orangen im Winter. Spätestens ab Oktober beschränkt sich das Angebot der Läden auf Kohl, Porree, Karotten, Suppengrün, Lageräpfel und Zitronen. Deshalb hat das Selbsteingemachte aus dem eigenen Garten noch eine grosse Bedeutung. Eine kleine Zahl von Städtern will sich auf den Wochenendgrundstücken einfach nur erholen. Bis auf ein paar Kräuter, Blumen oder Erdbeeren verzichten sie auf den Anbau von Obst und Gemüse. Von den arbeitsamen Nachbarn werden sie argwöhnisch beobachtet. Ein Ost-Berliner, der – was selten vorkommt – seine Datsche wieder aufgegeben hat, sagte zur Begründung: «Wir hatten doch nicht immer Zeit, rauszufahren. Im Sommer hätten wir während der Woche noch mal giessen müssen, aber das Grundstück war doch viel zu weit weg. Wenn wir am Wochenende kamen, war der Boden vertrocknet. Die Radieschen, die wir aus der Erde zogen, waren nur so gross wie Murmeln. Die von den Nachbarn waren fünfmal so gross. Die mitleidigen und verständnislosen Blicke und die vielen guten Ratschläge, die haben wir auf die Dauer nicht ertragen.»

47
Als Zecher kommst
Du immer kommen
und wirst stets herz
lich aufgenommen
Doch kommst Du
nur zum Gucken
rein, so kanns nur
am Donnerstag
sein!

Von der SBZ zur DDR: Teilung, Vereinigung, Blockade, Gründung

Als am 8. Mai 1945 die deutschen Generäle bedingungslos vor den Siegermächten des Zweiten Weltkrieges kapitulierten, hatte sich Adolf Hitler schon durch seinen Selbstmord der Verantwortung entzogen. Die Bilanz seiner wahnsinnigen Kriegs- und Vernichtungspolitik: weltweit 55 Millionen Tote, darunter 20 Millionen Soldaten und Zivilisten in der Sowjetunion. Sechs Millionen Deutsche kamen an der Front, bei Luftangriffen, auf der Flucht und in den Konzentrationslagern ums Leben. 25 Millionen flüchteten und verloren ihre Heimat, oder ihre Wohnungen und Häuser wurden ausgebombt. Die Städte waren zerstört, die Wirtschaft lag am Boden, die Menschen kämpften ums Überleben. Die Siegermächte – zusammengeschlossen in der Anti-Hitler-Koalition – hatten schon vor dem Sieg Pläne für die Zukunft Deutschlands. Nach der Konferenz von Jalta im Januar 1945 war weitestgehend beschlossen, was aus Deutschland werden sollte: Bis zum Friedensschluss sollte das Reichsgebiet von einer alliierten Einrichtung kontrolliert werden (später der Alliierte Kontrollrat); Berlin erhielt einen Sonderstatus und wurde von allen vier Siegermächten (Frankreich kam später noch dazu) verwaltet; zwischen Rhein und Oder wurden Besatzungszonen festgelegt; die Ostgebiete fielen überwiegend an Polen, dessen Westgrenze bis zur Oder-Neisse-Linie verschoben wurde.

Bei den Kämpfen der letzten Kriegsmonate spielten diese Abmachungen aber noch keine Rolle. Die Briten befreiten den Norden der zukünftigen Sowjetischen Besatzungszone (SBZ) – Mecklenburg und Teile von Pommern –, die Amerikaner Thüringen und weite Teile von Sachsen. Vorerst blieben die Siegermächte in den von ihnen befreiten Gebieten. Anfang Juli zogen sie sich dann in die vereinbarten Besatzungszonen zurück und besetzten die vier Sektoren von Berlin. Der Alliierte Kontrollrat war bereits gebildet. Die Sowjets hatten in ihrer Besatzungszone, zu der anfangs ganz Berlin gehörte, begonnen, das öffentliche Leben zu organisieren. Sie waren ja nicht nur als militärische Befreier gekommen. Stalin verfolgte auch politische Ziele.

Auf der Potsdamer Konferenz im August 1945 waren sich alle Alliierten einig. Doch ihre Ziele waren sehr allgemein formuliert. Der deutsche Militarismus und Faschismus sollte zerschlagen werden, bei der Neuorganisation der Wirtschaft sollte das Schwergewicht auf der Land- und Nahrungsgüterwirtschaft liegen, die Reparationsansprüche – vor allem der Sowjetunion – wurden geklärt, Erziehungswesen und Justiz sollten reformiert und das gesamte öffentliche Leben auf einer demokratischen Grundlage neu geregelt werden.

Doch die gesellschaftlichen Strukturen und die ideologischen Positionen der Siegermächte waren sehr verschieden. Eine separate Entwicklung in der SBZ war vorgezeichnet. Sie war von der Sowjetunion intern auch längst vorbereitet. Schon 1943 war aus 25 kriegsgefangenen Offizieren der Deutschen Wehrmacht und 15 emigrierten Mitgliedern der Kommunistischen Partei Deutschlands (KPD) in der Nähe von Moskau das Nationalkomitee Freies Deutschland (NKFD) gegründet worden. Dort wurde die künftige Politik für Deutschland eingeleitet. Unter ihnen waren Walter Ulbricht, der spätere Partei- und Staatschef, und Wilhelm Pieck, der erste Ministerpräsident der DDR. In den letzten Kriegstagen wurde eine kleine Gruppe handverlesener, gutvorbereiteter Kommunisten von Moskau aus nach Berlin geschickt, nach ihrem Leiter «Gruppe Ulbricht» genannt. Ihre Aufgabe war es, überlebende Genossen ausfindig zu machen und Antifaschisten aus dem bürgerlichen Lager zur Mitarbeit beim Aufbau der Stadt zu gewinnen. Zwei weitere Gruppen waren für Sachsen und für Mecklenburg-Pommern eingeteilt.

Neben der Sicherung der Ernährung in den Krankenhäusern, der Registrierung leerstehender Wohnungen und anderen öffentlichen Aufgaben, stand der Aufbau funktionierender Verwaltungen an vorderster Stelle. Diese Organisation erfolgte nach einem ausgeklügelten Plan. Als Bezirksbürgermeister wurden parteilose Antifaschisten eingesetzt. Die Kommunisten übernahmen die Stellvertreterposten, besetzten aber wichtige Schlüsselstellungen wie die Abteilungen für Personalfragen, für Finanzen und Volksbildung. Wenn die Westalliierten in die Stadt einzögen, sollte eine Struktur geschaffen sein, die sie akzeptieren konnten. Die Genossen der KPD sollten aber die Fäden ziehen. Wolfgang Leonhard, damals Mitglied der «Gruppe Ulbricht», zitiert Walter Ulbricht mit den Worten: «Es muss demokratisch aussehen, aber wir müssen alles in der Hand haben.»

Die Sowjetische Militäradministration in Deutschland (SMAD) erliess schon im Juni 1945 den Befehl, wieder politische Parteien zuzulassen, früher als die Westalliierten das in ihren Besatzungszonen erlaubten. Als erste gründete sich daraufhin die Kommunistische Partei (KPD) wieder, kurz darauf die Sozialdemokratische Partei (SPD) und wenig später auch die Liberaldemokratische Partei (LDP). Das neue Zentralkomitee der KPD war schon in Moskau gebildet worden. Von den 16 Mitgliedern waren 13 während des Krieges in die Sowjetunion emigriert. Sie hatten schon die Stalinisierung der KPD in der Weimarer Republik mitgetragen, hatten Stalins Säuberungswellen in den dreissiger Jahren überlebt. Diese Leute boten Gewähr dafür, Stalins Politik auch in der neuen KPD, die sich später Sozialistische Einheitspartei Deutschlands (SED) nannte, durchzusetzen.

In den Verwaltungen, in der Justiz und im Bildungswesen wurde radikal entnazifiziert. Alle ehemaligen Mitglieder der Nationalsozialistischen Partei Deutschlands (NSDAP) und auch Mitglieder der Nebenorganisationen wurden aus dem Dienst entfernt, nur ganz wenige, die sich später bereitfanden

umzulernen, wurden auch wieder eingestellt. Viele der Entlassenen wanderten in die vom sowjetischen Geheimdienst NKWD geschaffenen Internierungslager, unter anderem in die Konzentrationslager Sachsenhausen und Buchenwald. Etwa 130 000 Menschen befanden sich in diesen Lagern. Rund 50 000 sollen dort umgekommen sein, viele wurden in die Sowjetunion deportiert. In den Lagern sassen nicht nur die alten Nazis, nach 1946 kamen Sozialdemokraten und sogar oppositionelle Kommunisten dazu.
Schon im ersten Jahr der Besatzung wurde mit einer tiefgreifenden Veränderung der gesellschaftlichen Strukturen begonnen. Im September 1945 wurde die Bodenreform verkündet. Grundbesitzer, die mehr als 100 Hektar Land besassen, und das Bodeneigentum der Naziführer wurden entschädigungslos enteignet. Hinzu kam noch das Land, das dem NS-Staat gehört hatte. Zwei Drittel des gesamten beschlagnahmten Landes wurde zur Bewirtschaftung an Landarbeiter, landarme Bauern und Umsiedler vergeben.
1946 wurden nach einem Volksentscheid in Sachsen auch alle Betriebe von «Kriegs- und Naziverbrechern» enteignet. Das war der Grundstein für die Schwer- und Schlüsselindustrie der späteren DDR.
Ebenfalls im Jahr 1946 wurde ein neues Bildungsgesetz verabschiedet, welches das gesamte Erziehungswesen reformierte. In der achtklassigen staatlichen Einheitsschule, in der die Kirche kein Mitspracherecht mehr hatte, wurden Kinder aus Arbeiter- und Bauernfamilien besonders gefördert. In den «Vorstudienanstalten», die später in die «Arbeiter-und-Bauern-Fakultäten» übergingen, wurden «klassenbewusste» junge Arbeiter und Bauern auf das Studium vorbereitet. Alte Bildungsprivilegien waren gebrochen. Die Neuerungen wurden rücksichtslos, manchmal mit Druck, durchgesetzt.
Die wirtschaftliche Entwicklung der SBZ lief schleppend an. Durch die Endkämpfe des Zweiten Weltkriegs, die ja in Mitteldeutschland stattfanden, war das Land besonders schlimm zerstört. Dieser Landstrich hatte so gut wie keine Bodenschätze und eine schwach entwickelte Industrie – abgesehen von Chemiebetrieben in der Gegend um Halle und Leipzig. Doch das Haupthindernis waren die Reparationsforderungen der Sowjetunion. Bis 1946 wurden ganze Betriebe, vor allem aus den Bereichen Maschinenbau und chemische Industrie, demontiert, ausserdem ein grosser Teil der Bahnanlagen. 200 Betriebe gingen in das Eigentum der Sowjetunion über. Noch heute gibt es einen davon: die Sowjetisch-Deutsche Aktiengesellschaft (SDAG) Wismut, die in den Bezirken Karl-Marx-Stadt und Gera Uran abbaut. Davon blieb nie auch nur ein Gramm in der DDR, sondern geht bis heute in die Sowjetunion. Nach der Demontage verlangte die Sowjetunion auch Reparationsleistungen aus der laufenden Produktion. Erst 1953 wurden diese Forderungen eingestellt.
Einen Marshall-Plan zur Wiederbelebung der Wirtschaft wie im Westen hat die DDR nie gekannt. Das schlug auf die Versorgung der Bevölkerung nieder.
 Bis 1958 gab es in der DDR Lebensmittelkarten, mit denen die Rationen für

In manchen Gegenden sieht es so aus, als sei die Zeit stehen geblieben: Dorfstrasse in Loddin auf der Insel Usedom.

einige Grundnahrungsmittel zugeteilt wurden. Der Lebensstandard blieb noch lange bescheiden.
1946 veränderte sich die Parteienlandschaft. Auf Druck der Kommunisten wurden die KPD und die SPD zur SED vereint – gegen den Willen der sozialdemokratischen Basis. Bei einer Urabstimmung der SPD in den Berliner Westsektoren entschieden sich über 80 Prozent der Mitglieder gegen einen Zusammenschluss zu diesem Zeitpunkt, eine Zusammenarbeit mit der KPD befürworteten aber die meisten. In der sowjetischen Zone hatte die Besatzungsmacht eine solche Urabstimmung unter den Sozialdemokraten verboten. Nach dem Zusammenschluss waren zwar 16 Prozent der Erwachsenen in der SBZ Mitglieder der neuen Einheitspartei, doch der Rückhalt in der Bevölkerung war nicht gross genug. 1946 wurden zum erstenmal die Regierungen in den Ländern und Provinzen der SBZ gewählt. Die SED erreichte nirgends die absolute Mehrheit. Die anderen kandidierenden Parteien und Gruppierungen waren zusammen stärker. Am deutlichsten widerspiegelten die Magistratswahlen in Gross-Berlin, wo die SPD – sowohl im Westen wie im Osten – zugelassen war, das politische Kräfteverhältnis: Die SED erhielt nicht einmal 20 Prozent, die SPD dagegen knapp 50 Prozent der Stimmen. Aber in der SBZ war die sozialdemokratische Partei ausgeschaltet.
Anfangs waren noch die Funktionen in der SED paritätisch von ehemaligen SPD- und KPD-Mitgliedern besetzt. Aber bald veränderte sich auch dies zugunsten ehemaliger KPD-Genossen. Noch bei der Gründung hatte es geheissen, die SED ginge einen eigenen, deutschen Weg zum Sozialismus. Doch zwei Jahre später schon entwickelte sie sich zu einer stalinistischen Staatspartei. In einer gross angelegten Säuberungsaktion wurden ehemalige Sozialdemokraten aus der Partei ausgeschlossen oder verloren ihre Funktionen. Wer den neuen Weg nicht mitging, machte sich «antisowjetischer Hetze» schuldig. Viele, denen deshalb die Verhaftung drohte, flüchteten damals in den Westen.
Die stärkere Ausrichtung der SBZ auf die Sowjetunion stand in enger Wechselwirkung mit der politischen «Grosswetterlage». Schon in der Aussenministerkonferenz der Besatzungsmächte 1947 waren sie sich nicht mehr einig. In der SBZ war durch die radikalen Umwälzungen des ersten Jahres eine stark von den Westzonen abweichende Struktur geschaffen worden. Die Bildung getrennter Wirtschaftsräte in den Westzonen und in der Ostzone waren eine logische Folge. Die Grossmächte waren in die Phase des «Kalten Krieges» eingetreten. 1948 zerbrach auch noch die letzte Gemeinsamkeit: Die sowjetischen Vertreter verliessen den Alliierten Kontrollrat und machten das zu einstimmigen Beschlüssen verpflichtete Gremium handlungsunfähig.
Die endgültige Spaltung – zuerst Berlins und dann auch der Besatzungszonen – wurde durch die einseitige Währungsreform in den Westzonen – einschliesslich der Berliner Westsektoren – vollzogen. Die Sowjetunion verkündete kurz danach ebenfalls eine Währungsreform in ihrem Besatzungsgebiet und erklär-

te ihr neues Zahlungsmittel zum allein gültigen in ganz Berlin. Die Westalliierten setzten diese Anordnung in ihren Sektoren ausser Kraft.
Die sowjetische Besatzungsmacht antwortete mit der wirtschaftlichen Blockade Berlins. Alle Zufahrtswege zu Lande und zu Wasser waren versperrt. In einer beispiellosen Aktion unterstützten die Westalliierten «ihr» Berlin. Im Abstand von Minuten landeten rund um die Uhr auf dem Flughafen Tempelhof Versorgungsflugzeuge – von den Berlinern «Rosinenbomber» genannt – und brachten der isolierten Bevölkerung alles, was sie zum Überleben brauchte: Lebensmittel, Kohlen, Kleidung. Die Blockade dauerte fast ein Jahr. Das Tauziehen um Berlin hatte begonnen. Die Stadt war gespalten. Während der Blockade war im Ostteil ein eigener Magistrat gebildet worden. Eine Kommission hatte einen Verfassungsentwurf für die zukünftige Republik vorbereitet. Am 23. Mai 1949 wurde in Bonn das Grundgesetz für die Bundesrepublik Deutschland verkündet. Am 7. Oktober des gleichen Jahres wurde die Deutsche Demokratische Republik gegründet; die ein Jahr vorher beschlossene Verfassung trat in Kraft. Deutschland war endgültig gespalten. Die Bundesrepublik hält an dem Wiedervereinigungsgebot ihres Grundgesetzes fest. Die DDR hat 1968 die Wiedervereinigungspassage aus ihrer Verfassung gestrichen.

17. Juni 1953: Streiks und Unruhen – Ein Denkzettel für die SED

Die Stalin-Allee im Ost-Berliner Zentrum (heute ein Teil der Karl-Marx-Allee) wurde Anfang der fünfziger Jahre erbaut. Im Krieg war die Frankfurter Allee – so hiess die Strasse früher – in Schutt und Asche gelegt worden. Im pompösen sowjetischen Zuckerbäckerstil wurden Wohn- und Geschäftshäuser errichtet. Und weil es dort keine privaten Wohnhäuser, Geschäfte und Gaststätten mehr gab, wurde diese Prachtstrasse als «die erste sozialistische Strasse Deutschlands» vorgeführt. (Später, als Stalins Nachfolger Nikita Chruschtschow die Verbrechen des Diktators offenbarte, wurden die Strassenschilder und das Stalin-Denkmal entfernt, und der Berliner Volksmund spottete: «Allee des Irrtums».)
Von den Bauarbeitern der Stalin-Allee gingen die Unruhen aus, die später als «Arbeiteraufstand» des 17. Juni 1953 in die Nachkriegsgeschichte eingegangen sind. Ausgelöst durch eine drastische Erhöhung der Arbeitsnormen, legten am 16. Juni die Bauarbeiter die Arbeit nieder. Die Streikenden zogen in einem Protestmarsch zu den Ministerien. Am folgenden Tag wurde eine riesige Demonstration daraus. In Ost-Berlin und in mehr als 250 anderen Städten und Dörfern wurde gestreikt und demonstriert. Hier und da wurden auch politische Forderungen erhoben. Die spontanen Unruhen, zumindest in Berlin vom Westen her kräftig angeheizt, endeten allerorts durch den Einsatz sowjetischer Panzereinheiten und die Verhängung des Ausnahmezustandes.
Kurz nach der Staatsgründung der DDR hatte Ulbricht seinen Landsleuten versprochen: «Jetzt kommt die Zeit der Erfolge.» Ohne Hilfe von aussen und trotz den Demontagen ganzer Betriebe durch die Sowjetunion hatte die DDR bis Anfang der fünfziger Jahre wichtige Teile der Industrie wieder aufgebaut und in vielen Bereichen die Produktion auf das Doppelte des Vorkriegsstandes gesteigert. Doch den Erfolgen in der Stahlindustrie und in den Chemiebetrieben standen Misserfolge in anderen Bereichen gegenüber. Das Stiefkind der wirtschaftlichen Entwicklung hiess Konsumgüterindustrie. Noch immer waren wichtige Grundnahrungsmittel rationiert. Vieles war Mangelware oder überhaupt nicht vorhanden. Die Qualität liess zu wünschen übrig. Die Läden der staatlichen Handelsorganisation (HO) verkauften Lebensmittel zu Wucherpreisen. Der Lebensstandard der Menschen war bescheiden, verglichen mit dem Westen sogar dürftig. Zu Hause merkten die Arbeiter und Angestellten nichts von den versprochenen Erfolgen.
Ende 1952 wurden fast allen Selbständigen – Landwirten, Rechtsanwälten, privaten Unternehmern oder Besitzern von Mietshäusern – und auch den

Pendlern, die in West-Berlin arbeiteten und im Ostteil der Stadt wohnten (was bei offener Grenze damals noch möglich war), die Lebensmittelkarten entzogen. Sie waren nun auch bei den Grundnahrungsmitteln auf die teuren HO-Geschäfte angewiesen. Wenige Tage später wurden dann auch noch die Preise für Wurst, Fleisch und Brot erhöht. Für die fast 10 Prozent Bevölkerung ohne Lebensmittelkarten wurde das Leben unerträglich teuer. Die Missstimmung wuchs.

Dies war eine schlechte Ausgangslage für die geforderte Erhöhung der Arbeitsproduktivität, die für einen weiteren Aufschwung unerlässlich war. Monatelang drängten Agitatoren aus Partei und Gewerkschaften die Arbeiter in den Betrieben, ihre Arbeitsnormen freiwillig um 10 bis 15 Prozent zu erhöhen. Weil alle Bemühungen scheiterten, verfügte die Regierung Ende Mai 1953, dass bis zum 30. Juni – Ulbrichts 60. Geburtstag – die Arbeitsnormen in Industrie und Bauwesen um mindestens 10 Prozent zu erhöhen seien. Die Bevölkerung, die nach Stalins Tod – er starb am 5. März – auf Liberalisierung hoffte, erfuhr eine neue Härte. Mit der Normenerhöhung verschlechterte sich die wirtschaftliche Situation der meisten Werktätigen. Zwar arbeiteten sie nicht mehr als vorher, aber die neu festgesetzte Norm schloss die Leistungen, die früher durch finanzielle Anreize gebracht worden waren, ein. Diese Akkordzulagen entfielen also. Für viele halbierten sich die Einkommen.

Schon seit dem Frühjahr waren immer wieder hier und da Warnstreiks ausgebrochen. Als am 16. Juni die Gewerkschaftszeitung «Tribüne» die Normenerhöhungen verteidigte, schlug der Missmut der Arbeiter in offene Wut um. Ein paar Tage vorher hatte die Regierung auf «Empfehlung» des Politbüros der SED den Entzug der Lebensmittelkarten rückgängig gemacht. Eine liberalere Politik gegenüber Mittelständlern und selbständigen Bauern wurde angekündigt. In der Entschliessung zum «neuen Kurs» – wie das Ganze genannt wurde – hiess es, dass «seitens der SED und der Regierung der Deutschen Demokratischen Republik in der Vergangenheit eine Reihe von Fehlern begangen wurden». Vielleicht hat dieses Eingeständnis den Arbeitern Mut gemacht, sich gegen die Normenerhöhung zu wehren. Bis jetzt hatten sie ja immer nur das Lied gehört oder selbst mitgesungen, in dem es heisst: «Die Partei, die Partei, die hat immer recht! Genossen, es bleibt dabei.» Die Selbstkritik der Parteiführung bestätigte die Arbeiter in ihrer Kritik. Und der «neue Kurs» brachte allen Erleichterungen, nur nicht den Arbeitern.

Am 16. Juni formierte sich ein Demonstrationszug von der Stalin-Allee zum Straussberger Platz und dann weiter bis zum «Haus der Ministerien». Die wirtschaftlichen Forderungen schlugen schnell in politische um. Wiedervereinigung wurde gefordert und der Rücktritt der Regierung. Als sich die Menschenmassen am Nachmittag verstreuten, war von Generalstreik die Rede.

Noch am Abend des 16. Juni hob das Politbüro die Normenerhöhung auf und liess die Meldung über den Rundfunk verbreiten. Die Bevölkerung nahm es nicht zur Kenntnis. Sie orientierte sich offensichtlich an diesem Tag lieber am

Westberliner RIAS (Rundfunk im amerikanischen Sektor), der laufend Nachrichten von den Demonstrationen brachte und auch Forderungen von Arbeitern verlas. Der Sender hat dazu beigetragen, dass der Funke auch auf die übrige DDR übersprang.
Am nächsten Tag wurde in allen Landesteilen gestreikt. In der sächsischen Chemie-Stadt Bitterfeld stürmten die Demonstranten sogar das Gefängnis und befreiten die Gefangenen. Missliebige Funktionäre wurden verprügelt, einzelne erschlagen. In Ost-Berlin standen Kioske in Flammen. Rote Fahnen wurden abgerissen und verbrannt, die Fahne vom Brandenburger Tor heruntergeholt. Erich Loest, ein Schriftsteller aus der DDR, der Ende der siebziger Jahre seiner Heimat enttäuscht den Rücken kehrte, berichtet in seiner Autobiografie von hilflosen, sich versteckenden Parteifunktionären, aber auch von westlichen Provokateuren, die Brände legten. Gegen Mittag schon waren sowjetische Panzer aufgefahren. Es wurde geschossen. Am Nachmittag war die Demonstration aufgelöst; über Ost-Berlin und über andere Städte wurde der Ausnahmezustand verhängt. Am 18. Juni kam es noch zu Demonstrationen in Halle, Merseburg und Magdeburg. Diese Städte waren früher Hochburgen der KPD und der SPD.
Es kam zu vielen Verhaftungen sogenannter Rädelsführer. Vereinzelt wurden Todesurteile verhängt und auch vollstreckt. Justizminister Max Fechner wurde abgelöst, aus der Partei ausgeschlossen und zu einer Haftstrafe verurteilt. Seiner Meinung nach durften die Demonstranten nicht bestraft werden, weil die Verfassung das Streikrecht vorsah. (Inzwischen ist diese Passage gestrichen.) Die DDR-Regierung sprach von 19 Demonstranten und vier Polizisten, die bei den Unruhen ums Leben kamen. Westliche Quellen nannten höhere Zahlen: 200 tote Demonstranten und 100 tote Polizisten.
So unterschiedlich wie die Angaben über die Toten, so unterschiedlich ist auch die Bewertung der Ereignisse. Was für den Westen «die Behauptung des Freiheitswillens der Arbeiter in der DDR» war, wurde im Osten als «faschistischer Putschversuch», als «vom Westen gesteuerter Versuch einer Konterrevolution» bezeichnet. Erich Loest schildert mit einem Schuss sächsischen Humors die Probleme westlicher und östlicher Ideologen: «Ein Gewitterguss prasselte nieder und trieb die Demonstranten in Haustüren und U-Bahn-Schächte, er zerrieb sie so, dass sie nicht mehr zusammenfanden. Wo ist die Rolle der Gewittergüsse am 17. Juni in der Berichterstattung berücksichtigt worden? Sie passt in keines der Bilder. Wie, Volksaufstand im Osten, und die malträtierten Arbeiter, sich gegen Willkür reckend, das eigene Leben in die Schanze schlagend für Freiheit und die Einheit des Vaterlandes gar, liefen vor dem Regen auseinander? Wie, die Sturmtruppen des Imperialismus, die bezahlten Agenten des Pentagon, die Weltbrandstifter verkrochen sich vor Blitz und Wolkenbruch? Das passt in kein Propagandabild, und so wurde es erst gar nicht eingezeichnet. Der Chronist hält die geschichtsbildende Rolle der Gewitter des 17. Juni für erheblich.»

In jenen Tagen ist eine politische Illusion verlorengegangen: Die Arbeiter mussten einsehen, dass nicht sie die Regierenden, «die Volksmacht» waren, wie ihnen von der SED immer vorgegaukelt wurde. Sie mussten erkennen, dass der Wille des kleinen Mannes auf der Strasse «oben» wenig Gehör findet. Immerhin waren rund 10 Prozent der Arbeiter an den Streiks beteiligt. Die Rücknahme der Normenerhöhung war ja nur eine Korrektur der politischen Taktik, nicht der Politik selbst. Bertolt Brecht höhnte damals: «Wäre es da nicht doch einfacher, die Regierung löste das Volk auf und wählte ein anderes?»

Der Aufstand des 17. Juni war die erste Erhebung so vieler Menschen im Ostblock. Robert Havemann, einer der schärfsten Kritiker der SED, nicht aber des sozialistischen Staates, hält nicht die sowjetischen Panzer für den Grund des Scheiterns. «Volksmassen sind stärker als Panzer», schreibt er, «aber nur dann, wenn sie ein klares politisches Ziel haben, das unter den gegebenen Umständen überhaupt erreichbar ist, und wenn sie eine entschlossene, organisiert arbeitende Führung haben, der sie vertrauen. Beide Voraussetzungen waren nicht erfüllt.» Deshalb musste der Streik zusammenbrechen. Dass er überhaupt möglich wurde, schreibt Havemann – wie viele andere auch – der inneren Krise zu, in der sich die Partei und somit auch die Staatsführung nach Stalins Tod befanden. Sie waren im entscheidenden Moment genauso führungslos wie die streikenden Arbeiter.

Bis heute haben die Historiker in beiden deutschen Staaten kein unbefangenes Verhältnis zum 17. Juni. In der DDR gilt die Version, der Streik und die Unruhen seien ein «von westlichen imperialistischen Geheimdiensten inszenierter revanchistischer Putschversuch» gewesen. In der Bundesrepublik wird er nach wie vor als Nationalfeiertag mit dem Namen «Tag der deutschen Einheit» begangen. In einer Gedenkrede am 17. Juni 1987 im Deutschen Bundestag in Bonn gab der vor 50 Jahren aus Deutschland in die USA emigrierte Historiker Fritz Stern dem Tag eine Deutung, die vielleicht ein Umdenken bewirkt. Stern sagte: «Der damalige Aufstand muss in die deutsche Geschichte eingereiht werden als einer jener grossen Momente, an denen Menschen sich gegen Gewalt und Unmenschlichkeit gewehrt haben. Dieser Aufstand war zukunftsweisend, wenn auch manche unmittelbare Interpretation in die Irre führte. Es war kein Aufstand für die Wiedervereinigung.»

Häuser im russischen Zuckerbäckerstil an der Karl-Marx-Allee in Berlin, früher Stalin-Allee, einst Frankfurter Allee. Hier begannen am 17. Juni 1953 die Streiks der Bauarbeiter.

13. August 1961: Der Staat wird abgeriegelt – Der Bau der Berliner Mauer

Über 40 Kilometer zieht sie sich durch die Stadt. Gut drei Meter hoch, oben abgerundet, ist sie beinahe unüberwindlich: für den Westen eine «Schandmauer», für den Osten ein «antifaschistischer Schutzwall». Für die Berliner, ob im Osten oder im Westen, ganz einfach *die Mauer* oder die Grenze. In mehr als 25 Jahren ihres Bestehens haben sich die Berliner mit dem Monster-Bauwerk nicht abgefunden, aber arrangiert. Auf der Westseite dient sie Künstlern und solchen, die sich dafür halten, als Malfläche, Popgruppen als Kulisse für Plattencoverfotos. Im Osten bleibt sie betongrau. Volkspolizisten und Grenztruppen der DDR sorgen dafür, dass niemand in ihre Nähe kommt.
Touristischer Anziehungspunkt ist sie allemal. Gruppenfotos vor dem Brandenburger Tor, zwischen dessen Säulen die Mauer gebaut ist, sind im Osten wie im Westen gleichermassen beliebt. Westliche Touristen werfen von den Aussichtsplattformen, die auf der Westseite entlang der Mauer errichtet wurden, einen Blick über die Grenzsicherungsanlagen, schütteln den Kopf und bilden sich ganz nebenbei ein schnelles Urteil über die ganze DDR. Dann ziehen sie weiter zur nächsten Sehenswürdigkeit.
Bei den Touristen aus der DDR, die auf «ihrer» Seite stehen, hinterlässt der Anblick nicht diese Gleichgültigkeit. Sie sehen die betonierte Grenze, die sie am 13. August 1961 vom Westen abriegelte. Bis zu jenem Tag war der Zugang zum Westteil Berlins möglich.
Das Berlin der fünfziger Jahre war eine eigenartige Stadt. Sie war aufgeteilt in die Sektoren der vier Siegermächte, doch richtige Grenzen gab es nicht. Nur Markierungssteine zeigten ihren Verlauf. Rund um Berlin war allerdings schon Mitte der fünfziger Jahre die Grenze gesichert und nahezu unpassierbar gemacht worden – wie die Grenze zur Bundesrepublik auch. Zwischen dem sowjetischen Sektor und den westlichen Sektoren gab es zwar offizielle Grenzübergänge, an denen auch kontrolliert wurde, aber die Kontrollen waren locker, und es gab viele Schlupflöcher. Mit öffentlichen Verkehrsmitteln konnte man problemlos von einem Teil der Stadt in den andern gelangen. Ost-Berliner, die nach Potsdam (südwestlich von Berlin) wollten, benutzten ganz selbstverständlich die S-Bahn, die quer durch den Westteil der Stadt fuhr.
Entlang der Sektorengrenze, auf der Westseite, blühte eine Wirtschaft ganz besonderer Art: Einzelhandelsgeschäfte, Zeitungskioske und Kinos lebten fast ausschliesslich von ihrer Kundschaft aus dem Osten. In den Wechselstuben wurde die Ostmark 1:4 getauscht. Zeitungen und Eintrittskarten für manche Filme konnten 1:1 in Ostwährung bezahlt werden. Hier stopften die Ost-Berli-

ner ihre Versorgungs- und Informationslücken. Allein 1960 sollen eine Million DDR-Bürger in West-Berliner Kinos gegangen sein. Der Schwarzhandel florierte. Die Landbevölkerung aus der «Zone» (wie die DDR fast überall im Westen genannt wurde) schmuggelte ihre Erzeugnisse – Eier, Geflügel und Würste – in den Westen, um sie dort für «harte» Währung zu verkaufen. Umgekehrt warb die DDR um die Westler. Am Potsdamer Platz – vor dem Krieg der lebhafteste Platz Europas, im Krieg völlig zerstört, heute ein tristes Gelände, das durch die Mauer geteilt ist – leuchtete nach Westen der Schriftzug hinüber: «Der kluge Westberliner kauft bei der HO.» Auch politisch wurde um sie gebuhlt. An der Sektorengrenze stand auf einem Schild: «Achtung! Du betrittst jetzt den Ostsektor! Hier herrscht demokratisches Selbstbestimmungsrecht. Hier kannst Du Dich völlig frei für die Einheit Deutschlands einsetzen.»

Angenommen haben die West-Berliner dieses Angebot nicht. Sie fanden, dass sie im «besseren Berlin» wohnten. Die «grosse Politik» bestätigte ihnen das fast täglich. «Frontstadt» wurde Berlin genannt oder «Pfahl im Fleisch des Kommunismus». Sie waren in ihrer überwiegenden Mehrzahl stramme Antikommunisten und sind es auch heute noch. Aber auch die Menschen aus der «Zone» bestätigten ihnen, dass sie recht hatten. Kamen sie doch täglich zum Einkaufen, andere arbeiteten im Westen und wohnten im Osten (auch Westler arbeiteten im Osten, doch sehr viel weniger), und an den West-Berliner Universitäten und Fachschulen waren Studenten aus der DDR eingeschrieben. Doch die grösste Bestätigung erhielten sie von den Flüchtlingen, die täglich mit ihren Koffern im Notaufnahmelager eintrafen. In manchen Monaten waren es 7000 oder 8000, im März 1953 sogar 60 000. Die grossen Flüchtlingswellen standen immer in Zusammenhang mit gesellschaftlichen Umstrukturierungen und Versorgungskrisen in der DDR und mit Spannungen um Berlin. In den drei Jahren mit den höchsten Zahlen – 1953, 1956 und 1961 – wurde jeweils die Kollektivierung der Landwirtschaft (Bildung von Landwirtschaftlichen Produktionsgenossenschaften, abgekürzt LPG) vorangetrieben. Diejenigen, die sich in Massen absetzten, waren die von der SED am meisten umworbenen Bevölkerungsgruppen: junge Menschen, Facharbeiter, Akademiker, Bauern. Insgesamt flüchteten zwischen 1949 und dem 13. August 1961 knapp drei Millionen Menschen. Beinahe die Hälfte war unter fünfundzwanzig.

Das hatte für die DDR-Wirtschaft katastrophale Folgen. Arbeitskräftemangel gab es in fast allen Bereichen. Manche Verkaufsstellen der HO konnten nur stundenweise geöffnet bleiben, weil Personal fehlte. Der Staat investierte in die Ausbildung der Jugendlichen, doch sie kehrten ihm danach den Rücken. Im Westen wurden ihnen finanzielle Starthilfen ihrer neuen Arbeitgeber angeboten. Die DDR sprach deshalb von Abwerbung im grossen Stil.

Der Chefarzt einer Ost-Berliner Klinik sagte über die späten fünfziger Jahre: «Es war eine furchtbare Zeit. Wenn ich am Montagmorgen in die Klinik kam, fehlten wieder mindestens ein Arzt und ein paar Krankenschwestern.»

Doch die DDR sah nicht nur den Aufbau ihrer Wirtschaft durch die offene Grenze in Frage gestellt. Sie fühlte sich durch den Westen bedroht. West-Berlin sei ein Tummelplatz von Geheimagenten aus aller Welt. In einer Broschüre zum Mauerbau heisst es: «Bis 1961 hatten sich 80 verschiedene Geheimdienste in Westberlin niedergelassen. Selbst Luxemburg und Taiwan hielten Horchposten und Gucklöcher besetzt. Von Westberlin aus wurden Agenten, Spione und Saboteure in die DDR und andere sozialistische Staaten geschleust.»
Tatsächlich eignete sich kein Ort besser in dieser Zeit, es gab keine andere offene und schwach kontrollierte Grenze zwischen den Machtblöcken als in Berlin. Vermutlich haben sich nicht nur die aufgezählten, sondern alle wichtigen Geheimdienste dieser Welt dort getroffen. Zusätzlich zu dieser Angst fühlte sich die DDR-Regierung ideologisch bedroht. Rundfunk- und Fernsehsender des Westens strahlten in die DDR. Sie wurden zwar gestört, doch das hielt die Menschen nicht davon ab, sich zwischen Rauschen und Geknacke ein paar Nachrichten aus dem Westen zu holen.
Krisen in oder um Berlin hatte es einige in der Nachkriegszeit gegeben. Die erste schwere war die Blockade der Zufahrtswege durch die sowjetischen Truppen 1948 gewesen. Ein Jahr lang hatten die Westalliierten die Westsektoren versorgen müssen. Eine zweite sehr schwere Krise bahnte sich zehn Jahre später an, als Chruschtschow ultimativ den Abzug der Westalliierten forderte und Berlin zur freien Stadt erklärte. Die Drohungen verliefen im Sande, nachdem die Westmächte nicht darauf reagierten.
Doch für Ulbricht wurde die Lösung der Berlin-Frage immer dringlicher, wenn die DDR nicht menschenleer werden sollte. Die Gerüchte um die Abriegelung der Stadt wurden immer lauter. Noch im Juli dementierte Ulbricht die Absicht der DDR, eine Mauer durch Berlin zu bauen: «Die Bauarbeiter unserer Hauptstadt beschäftigen sich hauptsächlich mit Wohnungsbau, und ihre Arbeitskraft wird dafür voll eingesetzt. Niemand hat die Absicht, eine Mauer zu errichten.»
Doch die Menschen waren beunruhigt. Es gab Anzeichen, die auf eine Veränderung hindeuteten. Den Grenzgängern wurden ihre Ausweise abgenommen, so konnten sie ihrer Arbeit in West-Berlin nicht mehr nachgehen. Der Flüchtlingsstrom schwoll täglich an. Die West-Berliner Boulevardpresse feierte die Zahlen aus dem Notaufnahmelager in Marienfelde in ihren täglichen Schlagzeilen wie Triumphe. In vielen Familien wurde die Flucht geplant. Heimlich. Die Nachbarn durften nichts davon wissen, auch enge Freunde waren nicht eingeweiht. Manchmal wussten nicht einmal die Kinder, wohin die Reise wirklich ging, die die Eltern mit ihnen antraten. In den Zügen und auf den Zufahrtswegen nach Berlin wurden die Reisenden kontrolliert. Wer keine schlüssige Geschichte parat hatte, wurde aus dem Zug geholt und zurückgeschickt. Wer bei Vernehmungen einen Verdacht nicht widerlegen konnte, musste mit Festnahmen und Haft rechnen. Republikflucht war auch damals schon ein Straftatsbestand.

Eine Frau, die 1961 vierzehn Jahre alt war und mit ihren Eltern in unmittelbarer Nähe der Sektorengrenze wohnte, erzählt aus dieser Zeit: «Wegen jeder Kleinigkeit sind wir rüber. Mal um ins Kino zu gehen, mal nur wegen ein paar Knöpfen. Als die Gerüchte aufkamen, dass die Grenze zugemacht wird, so im Sommer 61, da haben wir dann auch geplant, rüberzumachen. Unser Opa lebte noch. Es ging ihm ziemlich schlecht, und er wollte nicht mit. Da haben wir dann beschlossen, wir warten noch bis er tot ist, und wenn wir ihn begraben haben, hauen wir ab.» Der Grossvater starb in der Nacht zum 13. August. Sie haben es nicht mehr geschafft.
In dieser Nacht errichtete die DDR nach einem gemeinsamen Geheimbeschluss der Warschauer-Pakt-Staaten die Mauer in Berlin. Angehörige der Armee und die «Kampfgruppen der Arbeiterklasse» – der paramilitärische Betriebsschutz, der nach den Unruhen des 17. Juni 1953 ausgebaut worden war – zogen Stacheldraht entlang der Sektorengrenze. Der verantwortliche Leiter dieser nächtlichen Aktion: Erich Honecker, damals im SED-Zentralkomitee zuständig für die Sicherheit. An einigen Stellen, an denen Häuser direkt an der Grenze standen, wurden die Eingänge und Fenster zugemauert, die Schlösser verschweisst. Trotzdem gelang es in den ersten Tagen noch vielen, aus solchen Häusern in den Westen zu springen. Andere sprangen über die Stacheldrahtrollen.
Am Sonntag, dem 13. August warfen erboste West-Berliner mit Steinen auf diejenigen, die die Grenze errichteten. Die Alliierten gaben der West-Berliner Polizei die Anweisung, die Menge zurückzuhalten und damit die Mauerbauer zu schützen. Im Osten hofften manche in den ersten Stunden noch auf eine Reaktion des Westens, mit der die Grenzziehung gestoppt würde. Doch nichts geschah. Willy Brandt, damals Regierender Bürgermeister des Westteils der Stadt, brach seine Wahlkampfreise in Westdeutschland ab (er war der sozialdemokratische Gegenkandidat des Bundeskanzlers Konrad Adenauer bei der bevorstehenden Bundestagswahl), kehrte nach Berlin zurück und blickte über die Mauer nach Osten. Adenauer liess sich unterrichten, unternahm aber sonst nichts. Die Regierungschefs von Grossbritannien, Frankreich und den USA befanden sich auf Wochenendreisen und sahen – offenbar vorher informiert – keinen Grund zu spektakulären Schritten, nachdem klar war, dass alliierte Rechte und Status nicht verletzt wurden. Erst nach einer Woche fuhren amerikanische Panzer an der Grenze im Westen auf. So demonstrativ wie sie kamen, fuhren sie auch wieder ab.
Schon in den Jahren vor dem Mauerbau waren in der Stadt zwei voneinander unabhängige Infrastrukturen geschaffen worden. Es bestanden getrennte Energieversorgungsnetze, eigene Verwaltungen für den städtischen Nahverkehr, und die Fernsprechnetze waren bereits getrennt: Telefongespräche von einem Teil der Stadt in den anderen waren nicht möglich. Doch solange die Grenzen offenblieben, störte das nicht weiter. Von der ersten Telefonzelle im anderen Sektor konnte man ja Freunde und Verwandte anrufen. Auch hatte

die DDR schon in den fünfziger Jahren einen Eisenbahnring um West-Berlin herumgebaut.
Am 13. August wurde die Stadt in zwei Halbstädte geteilt, verwandtschaftliche, freundschaftliche und technische Verbindungen gekappt. Erst nach zweieinhalb Jahren gab es die erste Passierscheinregelung, die den West-Berlinern an Weihnachten den Besuch in Ost-Berlin ermöglichte. Zum erstenmal konnten sich Verwandte und Freunde wiedersehen.
In der DDR-Geschichtsschreibung wird behauptet, Ende der fünfziger und Anfang der sechziger Jahre hätte man am Rande des dritten Weltkrieges gestanden; nur das «besonnene Handeln» (der Mauerbau) habe ihn verhindert. Tatsächlich hatten grosse Worte und Drohungen aller Weltmächte immer wieder Berlin zu einem Krisenherd gemacht. Mit dem Mauerbau sind andere Bedingungen geschaffen worden. Alles, was erreicht werden sollte und dann auch tatsächlich erreicht wurde, ging nur noch auf dem Weg von Verhandlungen. Berlin ist, jedenfalls als Krisenherd, aus den Weltnachrichten verschwunden.

«Die Partei, die Partei, die hat immer recht»: Walter Ulbricht und Erich Honecker, zwei deutsche Kommunisten

Die Geschichte der DDR ist untrennbar verbunden mit der Geschichte der Sozialistischen Einheitspartei Deutschlands – der SED. Zwei Männer haben nacheinander Staat und Partei entscheidend geprägt: Walter Ulbricht und Erich Honecker.

Walter Ulbricht, geboren 1893, war ein Kommunist der ersten Stunde. Mit neunzehn trat der gelernte Tischler in die SPD ein. Nach der Spaltung der sozialdemokratischen Partei wechselte er zum Spartakusbund, aus dem 1919 die Kommunistische Partei Deutschlands (KPD) wurde. Bei der Gründung der KPD war eine Ausrichtung auf die Sowjetunion keineswegs selbstverständlich. Führende Parteimitglieder, beispielsweise Rosa Luxemburg, lehnten dies strikt ab. Für Ulbricht war aber die Anbindung an Moskau von Anfang an unerlässlich. Schon in den zwanziger Jahren wurde ihm ein sicheres Gespür dafür nachgesagt, die Moskauer Linie immer richtig einzuschätzen und sogar Entscheidungen der KPdSU-Führung zu erahnen.

Nach Hitlers Machtübernahme emigrierte er zuerst nach Paris und dann nach Prag, wo sich zunächst die Politbüros des Zentralkomitees (ZK) der KPD befanden. Als die von den Nazis verfolgte Parteiführung aus Sicherheitsgründen nach Moskau übersiedelte, zog auch er dorthin. Er überstand die Stalinschen Säuberungswellen der dreissiger Jahre, denen auch viele deutsche Kommunisten zum Opfer fielen, unbeschadet. Stalin vertraute dem Organisationstalent aus Deutschland. Schon in der Exil-KP in der Sowjetunion hatte er dieses Talent unter Beweis stellen können. Dort bereitete er die zukünftige Moskauer Deutschlandpolitik mit vor. In der Sowjetischen Besatzungszone baute er die Verwaltungen wieder auf. Als 1945 die KPD wiedergegründet wurde, spielte er von Beginn an eine zentrale Rolle und hielt auch in der 1946 gegründeten SED die Fäden fest in der Hand. In das Spitzenamt des Generalsekretärs liess er sich erst 1950 wählen.

Die wichtigen Parteiposten waren fast ausschliesslich von Männern besetzt, die die Nazizeit in der Sowjetunion überlebt hatten. Fast allen, die aus der Westemigration zurückkehrten, die im illegalen Widerstand arbeiteten oder in den Zuchthäusern oder Konzentrationslagern eingesperrt waren, misstraute Ulbricht.

Viele Menschen, die in den ersten Jahren in die SED eintraten, sahen in ihr eine Garantie für die Losung «Nie wieder Faschismus» und glaubten daran, diese Einheitspartei werde einen eigenen, deutschen Weg zum Sozialismus gehen. Doch unter Ulbrichts Federführung wurde die SED 1949 in eine

Huldingung an die SED in Malchow bei Berlin. Der Händedruck im Parteiwappen soll den Zusammenschluss von KPD und SPD zur Einheitspartei symbolisieren.

«Partei neuen Typs» umgewandelt. Die neue Parteilinie bedeutete: Marxismus-Leninismus als verbindliche Ideologie, bedingungslose Anerkennung der KPdSU als führende Kraft, demokratischer Zentralismus – also die «Willensbildung» von oben nach unten – als Prinzip und das Verbot jeglichen «Fraktionismus», womit Gruppenbildungen innerhalb der Partei ausgeschlossen werden sollten. Das war eine Kampfansage an die ehemaligen Sozialdemokraten. Feindliches, aber auch nur kritisches Gedankengut hiess fortan «Sozialdemokratismus». In einer gross angelegten Säuberungswelle entledigte sich die SED Anfang der fünfziger Jahre vieler Sozialdemokraten. Auch Kommunisten blieben nicht verschont. 150 000 wurden damals ausgeschlossen, beinahe jedes zehnte Mitglied.

Doch trotz der Säuberung kam die Partei nicht zur Ruhe. Ulbricht hatte Widersacher, auch unter den führenden Funktionären. Als Stalin 1953 starb, brachen in der KPdSU Macht- und Richtungskämpfe aus, von denen auch die auf Moskau fixierte SED nicht verschont blieb. Mitten in diese Führungskrise platzten die Unruhen der Arbeiter vom 17. Juni 1953. Sie forderten neben wirtschaftlichen Verbesserungen auch Ulbrichts Rücktritt. Nur mit militärischer Hilfe der Sowjetunion konnte der Aufstand niedergeschlagen werden. So wurde Ulbricht vor seinem Sturz bewahrt. Seine Gegner in der Parteiführung hat er, wie auch in den kommenden Jahren, konsequent ausgeschaltet. Darunter waren prominente Männer in exponierten Stellungen: der Chefredakteur des SED-Zentralorgans «Neues Deutschland» Rudolf Herrnstadt, die Minister für Staatssicherheit Wilhelm Zaisser sowie sein Nachfolger Ernst Wollweber, der Justizminister Max Fechner, die Politbüro-Mitglieder Franz Dahlem und Karl Schirdewan. Sie wurden auf unbedeutende Verwaltungs- und Archivposten abgeschoben. Einige wurden auch zu Haftstrafen verurteilt.

Der sowjetische Parteiführer Nikita Chruschtschow prangerte in seiner Rede auf dem XX. Parteitag der KPdSU (1956) die Verbrechen Stalins an. Das kam wohl auch für Ulbricht überraschend. Die Grussbotschaft des ZK der SED, die von ihm unterschrieben war, enthielt den damals üblichen Satz: «Es lebe die unbesiegbare Lehre von Marx, Engels, Lenin und Stalin.» Auch Ulbricht schloss sich – notgedrungen – der Abkehr von Stalin an, wenn auch sehr vorsichtig. Zuerst verurteilte er Stalins Personenkult, wenig später erklärte er dann noch: «Zu den Klassikern des Marxismus-Leninismus kann man Stalin nicht rechnen.»

Unser Dank
gilt Dir,
SOZIALISTISCHE EINHEITSPARTEI DEUTSCHLANDS
Partei

Mit der Entstalinisierung war Hoffnung in die Partei und auch in die Bevölkerung gekommen, aber auch Unruhe. Die Arbeiter konnte er mit wirtschaftlichen Zusagen beruhigen, die aber nicht eingehalten werden konnten. Doch ein Grossteil der Intelligenz forderte Veränderungen: Sie wollten das Recht auf freie Diskussion, keine Einmischung der Partei mehr in Fragen der Wissenschaft und eine Reinigung des Marxismus von stalinistischen Verfälschungen. Die das forderten, wurden des «philosophischen Revisionismus» bezichtigt. Ihre prominentesten Vertreter waren die Professoren Robert Havemann, Wolfgang Harich und Ernst Bloch.
Ulbricht erteilte allen, die um Reformen bemüht waren, eine harte Absage. Das Strafgesetzbuch wurde 1957 erweitert und bot seitdem auch die rechtliche Möglichkeit, politische Gegner zu verfolgen. Jetzt gab es Paragraphen wie «staatsgefährdende Propaganda und Hetze» und «Staatsverleumdung» – das konnte im schlimmsten Falle schon das Erzählen eines politischen Witzes sein.
Auf dem V. Parteitag der SED machte Ulbricht den Menschen wieder wirtschaftliche Versprechungen. Bis 1961 wollte die DDR, so wurde grossspurig verkündet, die Bundesrepublik im Pro-Kopf-Verbrauch an Nahrungsmitteln und den wichtigsten Industriegütern «einholen und überholen». Dieses Ziel ist bis heute längst nicht erreicht. Viele quittierten die innenpolitische Härte und die schlechte wirtschaftliche Lage mit ihrer Flucht. Fast drei Millionen Menschen haben bis 1961 die DDR verlassen. «Abstimmung mit den Füssen» nannte man das damals im Westen. Am 13. August 1961 wurde die Berliner Mauer gebaut. Sie stoppte den Flüchtlingsstrom jäh.
Eine Reform des Wirtschaftssystems ab 1963 brachte eine Verbesserung der ökonomischen Lage. Den Betrieben wurden mehr Entscheidungskompetenzen zugestanden. Doch die Partei sah auf Dauer ihre zentralistische Führung in Frage gestellt. So wurden die Reformen ab 1965 schrittweise wieder zurückgenommen.
1966 wurde Chruschtschow in der Sowjetunion abgelöst. Sein Nachfolger Leonid Breschnew zählte dessen Verfehlungen auf; zur gleichen Zeit lobte Ulbricht Chruschtschow öffentlich in den höchsten Tönen. Das war der Anfang der Missstimmungen zwischen ihm und der Kreml-Führung. Weil die DDR das wirtschaftlich stabilste Land des Ostblocks war (und ist), stellte Ulbricht sie als Vorbild für die anderen hin. Aber nicht nur in ökonomischen Fragen zeigte er eine gewisse Überheblichkeit, er dachte auch laut über die Ideologie nach. Nach der Lehre des Marxismus ist der Sozialismus eine Übergangsgesellschaft zum Kommunismus. 1967 stellte er die These auf, der Sozialismus sei «nicht eine kurzfristige Übergangsphase ..., sondern eine relativ selbständige sozialökonomische Formation in der historischen Epoche des Übergangs vom Kapitalismus zum Kommunismus». Das waren auch pragmatische Überlegungen. Das Ziel des Kommunismus lag noch in unerreichbarer Ferne, das wusste auch Ulbricht. Die Sowjetunion behauptete dagegen schon seit den dreissiger Jahren von sich, dass sie den Sozialismus bereits verwirklicht habe und sich nun auf dem

Weg zum Kommunismus befände. Ulbricht hatte an grundsätzlichen ideologischen Positionen des «Bruderlandes» gerüttelt. Während er im eigenen Land vom Kreml abweichende ideologische Meinungen vertrat, marschierte die Nationale Volksarmee an der Seite der Armeen der Warschauer-Pakt-Staaten in die Tschechoslowakei ein, um dem Prager Reformkurs ein Ende zu bereiten. Aber auch in anderen wichtigen Bereichen wich Ulbricht von der Haltung der Sowjetunion ab. Das Wichtigste: Er lehnte die neue Aussenpolitik gegenüber der Bundesrepublik ab. Er war nicht gewillt oder nicht in der Lage, die sich anbahnende Entspannungspolitik mitzutragen. Damit stand er einer breiten Anerkennung der DDR im Wege. Bis zum Ende der Ulbricht-Ära hatte die DDR nur diplomatische Beziehungen zu den sozialistischen Staaten und einigen sozialistisch geprägten Dritte-Welt-Ländern. Die westdeutsche Aussenpolitik hatte wesentlich zu diesem Zustand beigetragen. Nach der «Hallstein-Doktrin», benannt nach einem Staatssekretär im Bonner Auswärtigen Amt, unterhielt die Bundesrepublik keine diplomatischen Beziehungen zu Staaten, die die DDR anerkannten. Einzige Ausnahme: die Sowjetunion. Doch dieser Alleinvertretungsanspruch der Bundesrepublik war unter Willy Brandt, der seit 1969 in einer von Sozialdemokraten und Liberalen gebildeten Regierung nun Bundeskanzler war, aufgegeben worden. Die neue Politik erforderte Umdenken und Verhandlungen. Ulbricht hat die «Zeichen der Zeit» nicht erkannt. Vielleicht lag es an seinem Altersstarrsinn, der ihm in diesen Jahren nachgesagt wurde, vielleicht an seiner doktrinären Unbeweglichkeit.

Ulbricht war ein eiskalter Politiker, der seine Linie rücksichtslos, und wenn es seiner Meinung nach nicht anders ging, mit Repressalien und Verfolgungen durchsetzte. Mit harter Hand betrieb er in den fünfziger Jahren die Verstaatlichung der Klein- und Mittelindustrie und die Kollektivierung der Landwirtschaft. Viele, die davon betroffen waren, flüchteten in den Westen. Wirtschaftliche Erfolge gelangen ihm allenfalls mit der Industrieproduktion. Dies jedoch ging auf Kosten der Konsumgüterproduktion. Der Lebensstandard der Menschen blieb bescheiden. In den Wohnungsbau wurde, abgesehen von ein paar Prestigeobjekten, kaum investiert. Statt dessen trieb er die ideologische und politische Abgrenzung zur Bundesrepublik auf die Spitze.

Ulbricht gab sich leutselig. Doch in der Bevölkerung war der nuschelnde Sachse mit dem Spitzbart eher verhasst. Am Ende hat ihn auch noch die Kreml-Führung fallengelassen. Im Mai 1971 gab er – unfreiwillig – seinen Rücktritt als Erster Sekretär der SED bekannt. Die offiziellen Gründe: sein Alter und seine Gesundheit. Er behielt lediglich unbedeutende repräsentative Ämter. Sein Nachfolger an der Parteispitze wurde Erich Honecker. Als Walter Ulbricht starb, feierte Ost-Berlin gerade die «Weltfestspiele der Jugend». Sein Tod wurde bekanntgegeben, doch die Spiele gingen weiter. Das «Walter-Ulbricht-Stadion» wurde sofort in «Stadion der Weltjugend» umbenannt. Ulbricht wurde für zehn Jahre zur «Unperson». Seine Bücher wurden aus den Büchereien und Buchhandlungen verbannt, sein Name wurde nicht mehr erwähnt. Noch heute gibt es keine einzige Walter-Ulbricht-Strasse in der DDR; nur die Leuna-Werke in Halle tragen noch seinen Namen. In Honeckers Autobiografie «Aus meinem Leben», ist der Vorgänger, der die DDR mitbegründet und über 25 Jahre geprägt hat, nur beiläufig erwähnt.

Erich Honecker wurde 1912 im Saarland geboren und wuchs in einer kommunistischen Arbeiterfamilie auf. Schon früh wurde der gelernte Dachdecker Funktionär des Kommunistischen Jugendverbandes. Geschult in Moskau, arbeitete er in den ersten Jahren des Nazi-Regimes in der Illegalität. 1935 wurde er enttarnt und von Hitlers Geheimer Staatspolizei (Gestapo) verhaftet. Er blieb bis zum Kriegsende inhaftiert. Die längste Zeit verbrachte er im Zuchthaus Brandenburg-Görden. Die Häftlinge wurden 1945 von sowjetischen Truppen befreit.
Honecker begann sofort mit der politischen Arbeit für das neu gebildete Zentralkomitee der KPD. Ulbricht beauftragte ihn mit der Bildung antifaschistischer Jugendausschüsse. Ein Jahr später (1946) wurde daraus der Jugendverband «Freie Deutsche Jugend». Erich Honecker wurde erster Vorsitzender und behielt dieses Amt bis 1955. Gleichzeitig war er Mitglied des Zentralkomitees der SED und dort für die Jugendpolitik verantwortlich. In dieser Funktion spielte er eine wichtige Rolle beim Aufbau der Kasernierten Volkspolizei, der Vorläuferin der Nationalen Volksarmee. Unter den Mitgliedern der FDJ musste er Freiwillige werben oder sie durch «Verbandsaufträge» verpflichten. (Die allgemeine Wehrpflicht wurde 1962 eingeführt.)
Als er seine Arbeit in der FDJ beendete, war Honecker 43 Jahre alt. Für die Übernahme höherer Parteiämter wurde er in einem einjährigen Lehrgang an der Parteihochschule der KPdSU in Moskau vorbereitet. 1958 wurde er Mitglied des Politbüros, dem Machtzentrum der Partei und somit des Staates. Die Parteiführung vertraute ihm das Ressort Sicherheits- und Militärpolitik an. Damit war er verantwortlich für die 1956 gegründete Nationale Volksarmee, für die paramilitärischen Kampfgruppen der Arbeiterklasse (heute Betriebskampfgruppen) und für die vormilitärische Gesellschaft für Sport und Technik. 1961 leitete er den Bau der Berliner Mauer. Die DDR-Bevölkerung erfuhr von diesem Geheimauftrag aus offizieller Quelle erst, als 1980 seine Memoiren «Aus meinem Leben» erschienen.
Ulbricht selbst hat Honecker als Nachfolger aufgebaut – zweifellos mit Billigung der Sowjetführung. 1971 wurde Honecker vom ZK der SED zum Ersten Sekretär (heute heisst das Amt wieder wie in den Gründerjahren Generalsekretär) gewählt. Mit seinen 58 Jahren bot er die Garantie, diese Funktion längere Zeit auszuüben. Es ist anzunehmen, dass Moskau den Machtwechsel gewünscht, beeinflusst und gefördert hat.
Als erstes beseitigte Honecker die Missklänge zwischen der sowjetischen und der DDR-Partei- und Staatsführung. Die ideologischen Positionen der Partei wurden wieder mit denen der KPdSU in Einklang gebracht. Ulbricht hatte in seinen

letzten Jahren leicht abweichende Meinungen vertreten. Bei der Änderung der Verfassung 1974 wurde die «unverbrüchliche Freundschaft» zur Sowjetunion und zu den anderen Ostblockstaaten festgeschrieben. Honecker zeigte sich als Garant sowjetischer Interessen in der DDR und in der SED. Der VIII. Parteitag der SED (1971), der programmatische Machtantritt Honeckers, legte die Politik der kommenden Jahre fest. Als «Hauptaufgabe» wurde die «Einheit von Wirtschafts- und Sozialpolitik» verkündet. Diese neue Linie versprach die Anhebung des Lebensstandards der Bevölkerung in dem Masse wie die Wirtschaftsleistungen steigen. Das «Kernstück» – wie die Partei es selbst bezeichnet – war die Beseitigung der krassen Wohnungsprobleme. Das klang damals, angesichts des miserablen Zustands der meisten Mietswohnungen und auch des schlechten Standards der Eigenheime, unglaubhaft. Doch in den achtziger Jahren deutete sich schon an, dass die SED dem ehrgeizigen Ziel erstaunlich naherückte.
Die Ära Honecker hat der Bevölkerung eine Reihe sozialer Erleichterungen gebracht. Vor allem die Frauen spürten das. Der Schwangerschaftsabbruch wurde legalisiert. Berufstätigen Müttern wurde durch verschiedene sozialpolitische Massnahmen ihr Verbleiben im Berufsleben erleichtert.
Erich Honecker hat aus der DDR eine Konsumgesellschaft gemacht, wenn auch die Konsummöglichkeiten nicht mit denen westlicher Länder vergleichbar sind. Schon seit Anfang der sechziger Jahre gibt es in der DDR «Intershops», in denen für westliche Devisen Zigaretten, Alkohol, Kosmetika und Süsswaren verkauft wurden. Sie waren in grossen Hotels, auf Bahnhöfen und an den Grenzübergangsstellen eingerichtet worden. Seit 1974 dürfen auch DDR-Bürger in diesen Geschäften einkaufen, die bis dahin Ausländern vorbehalten waren. Seitdem ist ihre Zahl sprunghaft angestiegen. Selbst in Kleinstädten sind sie zu finden. Inzwischen hat sich das Sortiment der grösseren «Intershops» schon auf das Angebot eines westlichen Kaufhauses erweitert, wenn auch auf kleinerer Verkaufsfläche. Neben den Waren, die es von Anbeginn gab, kann man in einigen gut sortierten Läden heute ausser Bekleidung auch Einrichtungsgegenstände, Fernsehgeräte, Stereoanlagen und sogar einige westliche Mittelklassewagen kaufen.
Als der Zugang zu den «Intershops» gestattet wurde, gab es viel Unmut bei treuen Gefolgsleuten der SED. Die DDR, nach eigenen Angaben auf dem Weg zum Kommunismus, also der klassenlosen Gesellschaft, hatte plötzlich zwei neue Klassen: eine, die über Westgeld verfügte, und eine, die keins besass. Da aber die Mark der DDR nicht einfach auf der Bank gegen westliche Währung umtauschbar ist, waren plötzlich die im Vorteil, die Verwandte im Westen hatten, von denen sie Geld bekommen konnten. Das war der einzige legale Weg, dieses Geld zu besitzen. Der illegale Umtauschkurs von DDR-Mark zu D-Mark schwankt auf dem Ost-Schwarzmarkt zwischen 1:5 und 1:6. Der Kurs für West-Touristen auf der DDR-Bank oder an den Grenzübergangsstellen beträgt 1:1. Westdeutsche und Schweizer Banken bewerten die DDR-Mark im Vergleich zur D-Mark mit 1:6 bis 1:7.

Eine Errungenschaft der Honecker-Ära sind die «Delikat»- und «Exquisit»-Läden. Sie bieten Lebens- und Genussmittel («Delikat») und Kleidung («Exquisit») mit höherer Qualität als in den staatlichen Läden an. Die Preise in den Läden sind gewaltig überhöht. Bezahlt wird in DDR-Mark. Hier wird überschüssige Kaufkraft abgeschöpft. Die Verbesserung der Konsummöglichkeiten hat das Leben in der DDR in einigen Punkten einfacher gemacht, wenngleich es ein erhebliches Stadt-Land-Gefälle gibt.
Doch das Wichtigste der Politik seit 1971 ist zweifelsfrei die internationale Entspannungs- und Vertragspolitik. Vor allem den Deutschen in Ost und West hat sie viel gebracht. Honecker war es freilich auch, der die Teilung endgültig festigte, indem er in der neuen Verfassung von 1974 alles tilgte, was nach Gemeinsamkeit aussah. Alle Passagen, die von der «deutschen Nation» handelten, wurden gestrichen. Nur noch vom «Volk der Deutschen Demokratischen Republik» ist die Rede. Die Nationalhymne wird nicht mehr gesungen, nur noch gespielt. Denn in der ersten Strophe heisst es: «Auferstanden aus Ruinen und der Zukunft zugewandt, lass uns dir zum Guten dienen, Deutschland, einig Vaterland».
Noch in den letzten Tagen der Amtszeit Ulbrichts war – offenbar schon gegen seinen Willen – die neue Politik zwischen den beiden deutschen Staaten eingeleitet worden. 1970 trafen sich zweimal der DDR-Ministerratsvorsitzende Willi Stoph und der westdeutsche Bundeskanzler Willy Brandt in Erfurt und Kassel. Die Reise Brandts war in den DDR-Medien nicht bekanntgegeben worden. Doch aus den westlichen Medien wusste die Bevölkerung Bescheid. Schüler schwänzten die Schule, Arbeiter «machten blau», um ihm einen begeisterten Empfang zu bereiten. Die Menschenmenge rief enthusiastisch «Willy, Willy». Die Polizei musste darauf verzichten, einzuschreiten. Schliesslich hätte ja auch Willi Stoph gemeint sein können. Jeder, der gefragt worden wäre, hätte sich damit herausgeredet, er habe doch «Willi, Willi» gerufen.
1970 wurden zwei wichtige internationale Verträge geschlossen: der Moskauer Vertrag zwischen der Bundesrepublik und der UdSSR und das Viermächteabkommen über Berlin. Sie eröffneten den Weg für die Vertragspolitik zwischen der Bundesrepublik und der DDR. 1972 wurde der Grundlagenvertrag zwischen beiden deutschen Staaten ratifiziert. Als Folge wurden beide deutschen Staaten Mitglieder der Vereinten Nationen. Daraus ergab sich für die DDR eine Welle internationaler Anerkennung. Heute unterhält die DDR mit fast allen Ländern der Erde diplomatische Beziehungen.
Staatsbesuche Erich Honeckers ins westliche Ausland sind auch heute noch nicht sehr häufig. Finden sie statt, berichtet die «Aktuelle Kamera», die Nachrichtensendung des DDR-Fernsehens, in ihrer halbstündigen Hauptausgabe darüber bis zu 28 Minuten. Einem solchen Besuch wird sehr viel Wert beigemessen. Der Bevölkerung soll bewusst gemacht werden, dass die DDR heute ein international beachteter Gesprächspartner geworden ist. Auf dem Weg zu dieser Art der Anerkennung gab es allerdings auch Begegnungen, die weder von

Oben: Ein Ost-Berliner Ehepaar wartet auf Westbesuch. Unten: Ehrentribüne am 1. Mai: Ministerpräsident Willi Stoph, Staats- und Parteichef Erich Honecker (mit Strohhut), Parlamentspräsident Horst Sindermann, Gewerkschaftschef Harry Tisch.

der breiten Bevölkerung noch von den Genossen an der Basis verstanden worden sind. Eine seiner ersten Reisen in ein nichtsozialistisches Land führte Honecker auf die Philippinen, wo er vom Diktator Ferdinand Marcos empfangen wurde. Und 1978 plante die DDR sogar, dem persischen Kaiser Reza Pahlevi die Ehrendoktorwürde der Ost-Berliner Humboldt-Universität zu verleihen. Ein Genosse sagte damals: «Ich schäme mich für meine Partei und für mein Land.» Der Sturz des Monarchen und seine Vertreibung aus dem Iran kamen dazwischen. Das hat die DDR vor einer internationalen Blamage bewahrt. Es wäre für die SED schwer geworden, ihren Mitgliedern zu erklären, warum einer der schlimmsten Menschenrechtsverletzer dieses Jahrhunderts in der DDR Ehrendoktor hätte werden können.

Honeckers erste Reise in eine westliche Industrienation führte ihn 1981 nach Japan. In einer Ansprache, die auch von den DDR-Medien wiedergegeben wurde, zitierte er ein japanisches Sprichwort: «Einmal sehen ist besser als tausendmal hören.» In den kommenden Monaten wurde das der meistzitierte Satz in der DDR-Bevölkerung. Immer wenn jemand beklagte, dass DDR-Bürger unterhalb des Rentenalters nicht ohne weiteres ins westliche Ausland reisen können, fügte er den Satz an: «Ich werde mal eine Eingabe bei Honecker machen und ihn an seine Worte in Japan erinnern.» Inzwischen hat Honecker auch Österreich, Mexiko, Italien, Griechenland, Schweden und die Niederlande besucht. Seine mehrmals verschobene Reise in die Bundesrepublik wurde für September 1987 vereinbart.

Der Grundlagenvertrag zwischen der Bundesrepublik und der DDR brachte eine Reihe von Folgevereinbarungen, mit denen auch für die Menschen eine ganze Menge erreicht wurde. Ein Abkommen regelt, dass DDR-Bürger einen «Antrag auf Entlassung aus der Staatsbürgerschaft» stellen können, um zu nahen Verwandten in die Bundesrepublik überzusiedeln. Der Reise- und Besuchsverkehr in die DDR wurde erleichtert. Die Zahl der Besucher aus dem Westen stieg sprunghaft an. Daraus erwuchs in der SED die Angst vor einer «ideologischen Aufweichung». Der Kreis der Leute, die «Geheimnisträger» waren und deshalb keine Westkontakte haben durften, wurde ausgeweitet. Die Männer witzelten: «Wenn du vor zehn Jahren bei der Fahne (Militärdienst) mal 'nen MIG (sowjetischer Jagdbomber) gesehen oder 'ne Kalaschnikoff (sowjetisches Schnellfeuergewehr) gereinigt hast, dann bist du heute Geheimnisträger.» Sehr weit von der Wirklichkeit war das nicht entfernt. Und wenn sich um diese Zeit Westler mit DDR-Freunden in Ost-Berlin trafen, hörten sie nicht selten: «Lass uns mal schnell weitergehen. Da drüben sind Kollegen von mir. Ich habe im Betrieb unterschrieben, dass ich keine Westkontakte habe.»

Dieser Versuch, die vertraglich garantierten Kontakte zu unterbinden, ist von der Bevölkerung umgangen worden. Viele DDR-Bürger unterschrieben zwar solche Forderungen, hielten sich aber nicht daran. Auch heute noch haben sehr viele Leute die Auflage, Westkontakte der Kaderleitung (Personalbüro) zu melden. Das betrifft zumindest alle, die auf mittleren Leitungsebenen in Verwaltungen oder in der Wirtschaft und alle, die im Staatsapparat beschäftigt sind. Wer in sicherheitsempfindlichen Bereichen arbeitet, hat sogar Kontaktverbot und soll selbst jede zufällige Begegnung mit Westlern, beispielsweise in einer Gaststätte oder auf einer Feier bei Freunden oder Verwandten angeben. Dieser sicherheitsempfindliche Bereich ist sehr viel weiter gefasst als in westlichen Ländern. Und wer als «Reisekader fürs NSW» («nichtsozialistisches Wirtschaftsgebiet» wird im DDR-Amtsdeutsch das kapitalistische Ausland genannt), also als Dienstreisender in den Westen fahren kann, darf sowieso keinen Kontakt zu Westverwandten haben. Auch andere private Kontakte dort sind untersagt.

Der Grundlagenvertrag, die Folgeabkommen und vor allem die Unterschrift der DDR unter die KSZE-Schlussakte von Helsinki, deren Wortlaut in den ostdeutschen Zeitungen voll veröffentlicht wurde, haben bei den Menschen viele Hoffnungen auf Liberalisierung geweckt. Sie wurden selbstbewusster ihrem Staat gegenüber, machten auf ihre Rechte aufmerksam. In den ersten Jahren nach den Verträgen hat allerdings kaum jemand von der neuen Möglichkeit auf Familienzusammenführung Gebrauch gemacht. Die Hoffnungen auf Veränderungen waren stark.

Eine der ersten Amtshandlungen Honeckers war es, den Empfang westlicher Rundfunk- und Fernsehsender freizugeben. Es war zwar nicht ausdrücklich verboten, sich beim «Klassenfeind» zu informieren und sich von ihm unterhalten zu lassen, und niemand wurde strafrechtlich deswegen verfolgt. Aber wenn bekannt wurde, dass jemand regelmässig Westsender hörte oder sah, galt das als ein Anhaltspunkt für Zweifel an der Zuverlässigkeit und Staatstreue. Diese falschen Verdächtigungen und die Heimlichkeiten hörten nun auf.

1980 versuchte die Ost-Berliner Staatsführung noch einmal mit drastischen Mitteln, den westlichen Einfluss zurückzudrängen. Sie erhöhte den Mindestumtausch, den jeder Tourist aus dem Westen leisten muss, auf 25 DM pro Tag. Vorher kostete es 15 DM, und bei Tagesbesuchen in Ost-Berlin sogar nur 6,50 DM. Der gewünschte Effekt trat ein: Die Besucherzahlen sanken deutlich. Inzwischen haben sich die Westler an den hohen «Eintrittspreis» gewöhnt und kommen wieder in Scharen.

Die erhofften innenpolitischen Lockerungen blieben aus. Im Gegenteil: An den Schulen wurde der Wehrunterricht eingeführt, in der Kulturpolitik wurden die Zügel wieder angezogen, neue Gesetze der inneren Sicherheit traten in Kraft, zum Beispiel ein Paragraph, der die «Weitergabe nicht geheimzuhaltender Nachrichten» unter Strafe stellt. Viele Menschen in- und ausserhalb der DDR empfanden diese als eine Welle der Disziplinierung und Militarisierung.

Als Reaktion darauf wurde eine grosse Zahl an Ausreiseanträgen «zur Familienzusammenführung» gestellt. Die Bearbeitung eines solchen Antrags dauert lange. Zwei bis drei Jahre sind normal, fünf keine Seltenheit. Einem «Antrag auf Entlassung aus der Staatsbürgerschaft», wie das amtlich heisst, kann stattgegeben werden, aber auch nicht. Es gibt keinen Rechtsanspruch auf «Ausreise». Die ersten, die davon Gebrauch machten, brachten sich selbst oft in eine totale Isolierung. Nicht selten verloren sie sofort ihre Arbeit und mussten Jobs annehmen, die weit unter ihrer Qualifikation lagen. Von Freunden, Nachbarn und ehemaligen Kollegen wurden sie geschnitten, weil sie für sich selbst Schwierigkeiten befürchteten, wenn bekannt würde, dass sie zu Ausreisewilligen Kontakt hätten. In eine solche soziale Isolierung wird heute kaum noch ein Antragsteller gebracht. Doch wer im Staatsapparat oder in der Forschung tätig ist, verliert auch heute meist noch seine Arbeit. In privaten Geschäften oder Gaststätten, vor allem aber bei der Kirche, finden manche noch Arbeitsplätze bis zum Zeitpunkt ihrer Ausreise.

Seriöse Quellen in der DDR sprachen 1984 von fast einer halben Million Ausreiseanträgen. Die meisten Menschen, die sich zu diesem Schritt entscheiden, haben ihn sich reiflich überlegt. Sie wissen, dass sie wahrscheinlich auf Jahre ihre Heimat und ihre Verwandten und Freunde in der DDR nicht wiedersehen können. Wenn sie erst einmal ausgereist sind, bekommen die meisten für lange Zeit keine Einreisegenehmigung. Andererseits gibt es viele Enttäuschungen: Manche DDR-Bürger stellen sich den Westen rosiger vor, als er ist, und sehnen sich bald in die vertraute Umgebung zurück.

Mit dem Grundlagenvertrag wurde auch ein Folgeabkommen geschlossen, das DDR-Bürgern ermöglicht, in «dringenden Familienangelegenheiten» zu Verwandten ersten Grades in die Bundesrepublik zu fahren. Anfangs galt das nur, wenn ein Arzt den nahen Tod des Angehörigen bescheinigte. Inzwischen ist die Regelung erweitert worden. Heirat, Silberne und Goldene Hochzeit, der fünfzigste oder ein höherer «runder» Geburtstag gelten nun ebenfalls als «dringende Familienangelegenheit». Aber als Verwandte ersten Grades gelten lediglich Eltern oder Kinder. Schon Geschwister fallen nicht mehr darunter.

Anfang 1986 sickerte durch, dass die Behörden grosszügiger mit Besuchsgenehmigungen umgingen. Es seien auch schon Reisen zu entfernten Verwandten gestattet worden. Seitdem ist ein neues Fieber ausgebrochen. Verwandte im Westen, zu denen der Kontakt längst eingeschlafen war, bekamen Briefe und Anrufe, ob sie nicht bald einen passenden Geburtstag hätten. Und viele DDR-Bürger konnten tatsächlich fahren. 573 000 durften aus familiären Gründen 1986 in die Bundesrepublik fahren, so viele wie noch nie. Wie viele Anträge abgelehnt wurden, ist allerdings nicht bekannt. Denn wie auch bei der «Familienzusammenführung», also der Übersiedlung, handelt es sich lediglich um eine «Kann-Bestimmung». Doch was viele freut, erzeugt Unmut bei den anderen: Wie schon bei der Öffnung der «Intershops» für die DDR-Bevölkerung sind wieder die im Vorteil, die Westverwandte haben.

Normalerweise dürfen DDR-Bürger erst als Rentner relativ uneingeschränkt (60 Tage im Jahr) in den Westen reisen. Dahinter steckt die Angst der Staatsführung, dass die Jüngeren solche Reisen zur Flucht nutzen könnten. Doch vielleicht ist nun eine allgemeine Lockerung der Reisemöglichkeiten in Sicht. Von der halben Million jüngerer Menschen, die 1986 reisten, sind nur 0,025 Prozent nicht wiedergekommen. Die Zahl liegt erheblich unter den Befürchtungen der

SED-Führung. Honeckers Reisepolitik, sicher ein begrenztes Experiment, wurde auch 1987 fortgesetzt.
Als Ende 1979 in West- und Osteuropa Mittelstreckenraketen aufgestellt wurden, kühlte das Verhältnis zwischen den beiden Supermächten deutlich ab. Honeckers Verdienst ist es, dass er sich auch in den international so schwierigen Zeiten den Spielraum für den Fortbestand der «deutsch-deutschen Beziehungen» erhalten konnte.
Einen Anlass zur Sorge für die Parteiführung gab es 1980. Damals begannen die polnischen Arbeiter zu streiken und gründeten eine unabhängige Gewerkschaft. Zwischen Polen und der DDR gab es zu dieser Zeit einen visafreien Reiseverkehr. Ohne vorher Formalitäten zu erledigen, konnten DDR-Bürger und Polen ins Nachbarland fahren. Nur mit der CSSR gibt es noch ein solches Abkommen. Im Herbst 1980 wurde in einer Vereinbarung «auf beiderseitigen Wunsch» – wie es offiziell hiess – dieses Abkommen derart eingeschränkt, dass der Reiseverkehr praktisch zum Erliegen kam. Die SED-Führung bekam Angst vor dem «polnischen Bazillus» – wie das die DDR-Bevölkerung damals scherzhaft nannte. Diese Befürchtungen der Partei waren unbegründet. Von den Ostdeutschen wurden die Vorgänge in Polen zwar mit Interesse, aber mit Abstand verfolgt. Verbreitete Meinung damals: «Die sollen doch erst einmal arbeiten, dann können sie auch streiken.» Angesichts der miserablen Lage der polnischen Wirtschaft und des niedrigen Lebensstandards hatten die fleissigen DDR-Deutschen wenig Verständnis für ihre polnischen Nachbarn, denen sie von jeher mit einer gewissen Überheblichkeit begegnen.
Die Probleme heute sind andere. Seit Bestehen der DDR ist die Sowjetunion den DDR-Bürgern als *das* Vorbild hingestellt worden. In den fünfziger und noch bis in die sechziger Jahre wurde kritiklos jede politische und wirtschaftliche Massnahme der Kreml-Führung von der SED übernommen. Mehr als die westlichen Alliierten in der Bundesrepublik wird die Sowjetunion in der DDR noch heute als «Besatzungsmacht» empfunden. In der Schule lernen die Kinder Russisch als erste Fremdsprache, auf dem Lehrplan des Literaturunterrichts stehen russische Klassiker und Gegenwartsliteratur aus der Sowjetunion, auch in Geschichte und Geographie lernen sie viel über das «Bruderland». Das erklärte Erziehungsziel, die Entwicklung der «Liebe zur Sowjetunion», ist auf diesem Weg aber nicht erreicht worden. Eher war Desinteresse das Ergebnis dieser Überbetonung.
Das wurde plötzlich anders, als KPdSU-Generalsekretär Gorbatschow seine Reformideen umzusetzen begann. Die sowjetische Parteizeitung «Prawda», für die sich bis dahin kaum jemand in der DDR interessierte, wurde zu einem Bestseller. Denn die Offenheit, mit der dort gesellschaftliche und wirtschaftliche Probleme diskutiert wurden, war den Menschen aus dem SED-Zentralorgan «Neues Deutschland» unbekannt. Gorbatschows Politik und seine Reden wurden aufmerksam verfolgt. Dafür wurden auch verschüttete Russisch-Kenntnisse reaktiviert. Doch die SED wiegelte ab: In den Grundfragen der Aussenpoli-

tik und der Friedenssicherung sei man mit der KPdSU einer Meinung, doch die Probleme, die die Sowjetunion in ihrer Wirtschaft und Gesellschaft hätten, wären nicht die der DDR. Der «Chef-Ideologe» des Politbüros, Kurt Hager, wagte in einem Interview mit einer westlichen Illustrierten sogar den plumpen Vergleich: «Würden Sie, wenn Ihr Nachbar seine Wohnung neu tapeziert, sich verpflichtet fühlen, ebenfalls neu zu tapezieren?»

In organisierten Leserbriefkampagnen liess sich Erich Honecker im «Neuen Deutschland» und in anderen Zeitungen des Landes bescheinigen, dass die wahre Demokratie doch in der DDR zu finden sei. Doch der Volksmund äusserte sein Empfinden in neuen Witzen. Die bewährte Losung «Von der Sowjetunion lernen, heisst siegen lernen» sei ausser Kraft gesetzt, dafür gelte wieder das alte Lenin-Wort «Hände weg von Sowjet-Russland».

Ein abschliessendes politisches Urteil über Honecker, der 1987 seinen 75. Geburtstag feierte, abzugeben, war in jener Phase politischer Neuerungen in Moskau unmöglich. Seinem beharrlichen Eintreten für Abrüstung in Europa, der Öffnung seines Staates nach Westen sowie unübersehbaren ökonomischen und sozialen Fortschritten stehen eine harte Innenpolitik, Unterdrückung unbequemer Minderheiten und ein unmenschlich perfektes Grenzsicherungssystem gegenüber.

Rivalitäten: Berlin und die Provinz – Preussen und Sachsen

Jeden Abend dasselbe: Die «Aktuelle Kamera«, die Nachrichtensendung des DDR-Fernsehens, beginnt mit Berichten aus der DDR. Aber DDR-Nachrichten sind Berlin-Nachrichten. Andere Städte und Regionen werden zweitrangig behandelt. Die Leute in der DDR stört, dass Ost-Berlin so stark in den Mittelpunkt gerückt wird. Sie ärgern sich über das Stadt-Land-Gefälle, das es in allen Bereichen des täglichen Lebens gibt.

Die Ost-Berliner benehmen sich häufig überheblich gegenüber den Menschen aus dem restlichen Land. Schon der alltägliche Sprachgebrauch macht das deutlich: Sie selbst kommen «aus Berlin», die anderen «aus der DDR». Das hört sich abschätzig an, etwa wie «aus der Provinz». Die Leute aus dem Norden werden als «Fischköppe» bespöttelt, zu den Sachsen haben die Ost-Berliner ein besonders gespanntes Verhältnis, was historisch begründbar ist und auf Gegenseitigkeit beruht. Der ehemalige Staatsschef Walter Ulbricht hat seine Leipziger Heimat nie verleugnet und seinen Dialekt sehr gepflegt. Zum grossen Ärger der Berliner holte er viele Genossen aus dem sächsischen Sprachraum in den Partei- und Staatsapparat. Lange Zeit wurde gewitzelt, die Amtssprache der DDR sei sächsisch. Und die Sachsen, Thüringer und Vogtländer, deren Sprache sich für Aussenstehende gleich anhört, wissen, dass sie wegen ihres Dialektes in Ost-Berlin für etwas dümmlich gehalten werden. Sie sind immer wieder Objekte des manchmal gehässigen Berliner Witzes.

Andererseits gelten die Ost-Berliner bei allen anderen DDR-Bewohnern als überheblich. Und sie lassen sich auch tatsächlich gerne anmerken, dass es ihnen in allen Dingen des täglichen Lebens etwas besser geht als den andern. Es sind ja nicht nur die Fernsehnachrichten, in denen die Hauptstadt bevorzugt wird. Die Versorgung mit Lebensmitteln und Konsumgütern ist in Berlin viel besser als anderswo. Das kulturelle Angebot ist breit und mit dem der anderen Städte nicht zu vergleichen. Die Stadt hat als einzige etwas internationales Flair, einmal abgesehen von Leipzig zur Zeit der Messen und der Filmfestspiele (Dokumentarfilmwoche). In Ost-Berlin gibt es eben Dinge, von denen die Leute anderswo nur träumen. Die Hauptstadt ist das Aushängeschild der Republik. In die Stadt kommen die meisten Ausländer, häufig als Tagesbesucher aus West-Berlin.

Einkaufsfahrten stehen für fast alle DDR-Bürger ein- oder zweimal jährlich auf dem Programm. Sie hoffen, dort besondere Waren zu ergattern, die es zu Hause nicht gibt. Und meist werden sie nicht enttäuscht, denn alles, was das Land produziert und nicht für den Export bestimmt ist, wird bevorzugt nach Ost-Berlin

geliefert. Es ist keine Seltenheit, dass beispielsweise die Thüringer ihre würzigen Wurstspezialitäten leichter in den «Delikat»-Läden der Hauptstadt kaufen können als in den heimischen Geschäften. Dort müssen sie oft mit eintönigen Produkten der grossen Wurstfabriken vorliebnehmen. Das bedrückt die Provinzler sehr. Jeder, der eine Dienstreise nach Ost-Berlin macht, hat eine lange Einkaufsliste von der Familie oder von Freunden dabei. Denn vor allem in den Wintermonaten, wenn es in den Gemüseläden des Landes nur noch Suppengrün, schrumpelige Äpfel, Weisskohl und bestenfalls noch fast grüne, strohige Apfelsinen aus Kuba gibt, staunt man über das Berliner Angebot, das für westliche Betrachter allerdings auch dann noch ärmlich wirkt.
Nicht nur mit Lebensmitteln oder den «normalen» Konsumartikeln wird Ost-Berlin bevorzugt beliefert, auch mit allen westlichen Importen wie marokkanischen Orangen, französischem Käse oder japanischen Autos. Von Zeit zu Zeit, wenn über Kompensationsgeschäfte westliche Klein- oder Mittelklassewagen in die DDR kommen, sind stets die Ost-Berliner vorn. So ist auch das Strassenbild dieser Stadt als einziges ein bisschen bunter. In den Bezirksstädten und auf dem Land dominieren «Trabant» oder «Wartburg» aus der heimischen Produktion. Häufiger fahren auch die sowjetischen Lada und die tschechischen Skoda. Dort gelten die Westautos als Prestigeobjekte, die sich vor allem die privaten Handwerksmeister zulegen. Keine andere Berufsgruppe sonst kann sich die gigantischen Schwarzmarktpreise, die dafür verlangt werden, leisten. Ein VW «Golf» neuester Bauart wird in der DDR mit etwa 100 000 Mark gehandelt – das sind rund hundert Monatslöhne eines Industriearbeiters. Zu kaufen gibt es das Auto nur in den «Intershops», in denen mit Westgeld bezahlt werden muss. Westeuropäer, die Verwandten oder Freunden in der DDR westliche Artikel oder auch Raritäten aus der DDR-Produktion schenken wollen, können über das DDR-eigene Versandhaus «Genex» mit Sitz in Dänemark und in der Schweiz einkaufen. Dort muss natürlich mit harten Devisen bezahlt werden, auch die DDR-Produkte. Dafür gibt es sie aber sofort und nicht erst nach einer langen Wartezeit, wie sonst üblich. Der «Golf» kostet bei «Genex» wenig mehr als 20 000 DM.
Auch kulturell bietet Ost-Berlin mehr als jede andere Stadt in diesem Land. Es hat berühmte Theater wie das Maxim-Gorki-Theater, das Brecht-Ensemble und die Deutsche Staatsoper. Musikliebhaber schwärmen von der überragenden Akustik des Konzertsaales im ehemaligen Schauspielhaus, wo Orchester und Dirigenten von Weltruhm gastieren. Der wiederaufgebaute Friedrichstadtpalast gilt als eines der führenden Revuetheater Europas.
Leipzig und Dresden können ihren Einwohnern und Besuchern inzwischen allerdings auch kulturelle Leckerbissen bieten. 1983 wurde der Neubau des traditionellen Leipziger Gewandhauses fertiggestellt, das international zu den besten Konzertsälen zählt. Und 1985 war die Semper-Oper in Dresden fertig rekonstruiert. Doch die grosse kulturelle Bedeutung, die beide Städte jahrhundertelang hatten, ist nicht wieder erreichbar.

Oben: Verlotterte Provinz – eine Strasse in der Chemie-Industriestadt Bitterfeld.

Unten: Glitzernde Hauptstadt Berlin – auf dem Alexanderplatz .

Am meisten benachteiligt fühlen sich in der DDR die Kleinstädter. Die Leute auf dem Land nörgeln nicht ganz so viel. Denn auf den Dörfern war nie etwas los, früher nicht und heute nicht. Wer es anders haben wollte, zog in die Stadt. Das ist heute noch genauso. Aber die Kleinstadtbevölkerung fühlt sich betrogen um alle Investitionen. Ob im mecklenburgischen Anklam, in Blankenburg am Harz oder ob in Sonneberg in Thüringen – überall ist an verblichenen Inschriften zu sehen, dass es früher eine lebendigere Geschäftswelt gab als heute. Die Einheimischen zeigen Besuchern die Stellen, wo früher Restaurants, Cafés und das Kino waren. Sie argwöhnen, dass alle Mittel in die Kreisstädte fliessen, aber auch deren Bevölkerung ist nicht glücklich. Die wiederum vermuten die Gelder, von denen sie nichts sehen, in den Bezirkshauptstädten. Und da weiss man es angeblich ganz genau: «Alles Geld fliesst nach Berlin».
Ein Beispiel war im Jahr 1987 das Jubiläum zum 750jährigen Bestehen der Stadt Berlin. Für die Feierlichkeiten, so schien es, war nichts zu teuer. In der Provinz breitete sich deshalb Säuernis aus. Um den Hauptstadt-Protz zu verhöhnen, klebten pfiffige Sachsen selbstgemachte Schildchen mit der Zahl 770 an die Heckscheiben ihrer Autos. Denn Dresden erhielt das Stadtrecht schon 1216, während die Gründung von Cölln, der Keimzelle Berlins, auf 1237 datiert wird. Auch dies illustriert die Rivalitäten der Sachsen und der Preussen ebenso wie es den Ärger über die Begünstigung der DDR-Hauptstadt dokumentiert.
So sehr sich viele DDR-Bürger, die ausserhalb Berlins wohnen, über «die Berliner» und deren Bevorzugung aufregen, so sind sie doch beeindruckt, wenn sie einmal eine Reise in die Stadt machen. Das alte Zentrum der preussischen Weltstadt, die riesigen Trabantenstädte, die Kaufhäuser und die internationalen Hotels, die Prestige-Bauten wie der Palast der Republik (im Volksmund «Palazzo Protzo» genannt) oder das Sport- und Freizeitzentrum – all das löst eine Mischung aus Neid und Bewunderung aus.

Landwirtschaft: Mässige Erträge, sichere Existenzen

Lange Kolonnen von Ladas, Wartburgs und Trabbis schlängeln sich zuckelnd – auf Landstrassen gilt eine Höchstgeschwindigkeit von 80 Stundenkilometern – an den Sommerwochenenden von Berlin in Richtung Norden. Die Fernstrasse 96 ist die Hauptverbindungsader an die Ostseeküste, in die Städte Greifswald und Stralsund und zu den Inseln Usedom und Rügen. Zwischendrin fahren Autos mit westdeutschen Kennzeichen. Was die Insassen dieser Wagen zu sehen bekommen, kennen sie von zu Hause kaum noch: Ihr Weg führt sie durch eine intakt scheinende Landschaft. Sie fahren unter einem grünen Blätterdach, denn Alleebäume säumen überall in der DDR die Strassen. Die F96 ist keine Ausnahme. Kein Automobilklub und keine Verkehrsplaner haben jemals befunden, dass diese Bäume die Sicherheit der Autofahrer gefährden könnten.
Die Städtchen und Dörfer machen einen verschlafenen Eindruck. Keine Leuchtreklame an den Geschäften, weder Grossmärkte noch Tankstellen noch «Hobby-Center» an den Ortsausgängen, nichts Buntes und Auffallendes. Die Strassen sind schlecht, oft mit gefährlichen Schlaglöchern, manchmal noch mit Kopfsteinpflaster. Ein Mangelartikel der DDR fällt sofort ins Auge: Fassadenfarbe. Die meisten Häuser wirken trist. Es hat lange gedauert, bis der Wert hübsch restaurierter Kleinstädte erkannt wurde. Mittlerweile gibt es sehenswerte Beispiele: etwa Quedlinburg und Wernigerode am Harz. Aber in Städten wie Prenzlau oder Rheinsberg im Norden geht es nur langsam voran. Immer noch fehlen Baukapazitäten, und es mangelt an Material. Noch unansehnlicher wirken die Dörfer abseits der grossen Strassen. Die Häuser sind schlecht erhalten. Eine kleine Verkaufsstelle von HO oder Konsum, die nur halbtags geöffnet ist, versorgt die Einwohner mit dem Notwendigsten. Die meisten Strassen haben Kopfsteinpflaster, in Mecklenburg und an der Küste sind die Seitenstrassen in den Dörfern oft ganz einfache Sandwege.
Für westliche Besucher ist eine Fahrt durch die DDR eine Reise in die Vergangenheit. Der Eindruck lässt sie nicht los: So war es bei uns nach dem Krieg. Hier ist die Zeit 1945 stehengeblieben. Doch dieser optische Eindruck täuscht. Gerade auf dem Land hat sich mehr für die Menschen geändert als anderswo.
Die erste strukturelle Veränderung in der sowjetischen Besatzungszone war die Bodenreform von 1945. Unter der Losung «Junkerland in Bauernhand» wurde bis 1949 jeder Grundbesitz mit mehr als 100 ha Nutzfläche ohne Entschädigung enteignet. Ebenso erging es allen Naziführern. Ihnen wurde, un-

Oben: Mähdrescherkolonnen bei der Ernte in Thüringen.

Unten: Norddeutsches Bauernhaus in Mecklenburg.

abhängig von der Grösse des Besitzes, ebenfalls das Land genommen. Es kam in den Besitz von Kleinbauern, Landarbeitern und Umsiedlern. Die Flächen waren aber meist zu klein, um rentables, eigenständiges Wirtschaften zu ermöglichen. Diese neuen Grundbesitzer waren die erste Stütze der Umwandlung, die bald folgen sollte: die Kollektivierung der Landwirtschaft. 1952 wurde mit der Bildung Landwirtschaftlicher Produktionsgenossenschaften (LPG) begonnen. Die ersten Zusammenschlüsse waren noch freiwillig. Doch später wurde zunehmend Druck auf die Bauern ausgeübt. Wer bis 1960 noch nicht Mitglied einer LPG war, wurde zwangsweise in eine Genossenschaft eingegliedert. Immer, wenn ein neuer Kollektivierungsschub anbrach, flüchteten auffällig viele selbständige Bauern in den Westen.

Seit 1960 gibt es nur noch die LPG als bäuerliche Produktionsform. Den Bauern bleibt dabei ihr Hof, doch die Nutzfläche wird von der Genossenschaft bearbeitet. Entsprechend der eingebrachten Fläche oder des eingebrachten Viehbestandes und der Arbeitsleistung sind die LPG-Mitglieder am Gewinn beteiligt. Allen bleibt eine kleine Fläche zum Anbau für den eigenen Bedarf. Auch ein Stück Vieh oder ein paar Hühner kann jeder behalten. Alles andere gehört der LPG.

Riesige Äcker und Felder werden von eigens für diese Ausmasse konstruierten Landmaschinen bearbeitet. Das Vieh wird in überdimensionalen Ställen gehalten. Vom Ende der sechziger Jahre an wurde die ganze Landwirtschaft «industrialisiert». Alle Bereiche der Landwirtschaft – ob Tierhaltung oder Pflanzenanbau – arbeiten produktspezifisch. Auch ihre Bezeichnungen sind entsprechend. Eier kommen in der DDR (wenn nicht von privat gehaltenen Hühnern) aus dem «Kombinat industrielle Mast» – kurz KIM genannt. Diese Spezialisierung hat eine gewaltige Agrar-Bürokratie entstehen lassen. Was wo produziert wird, muss zentral geplant werden. Entstandener Stalldung aus der Tierproduktion kann nicht mehr im eigenen Betrieb verwendet werden, sondern muss auf eine andere LPG mit dem Schwerpunkt Bodenbearbeitung gebracht werden. Das macht den Transport und dessen Organisation notwendig.

Eine LPG in der DDR hat durchschnittlich 5000 Hektar Nutzfläche und 450 Mitglieder. Diese Grössenordnung hat lange Wege zu den während der Ernte täglich wechselnden Einsatzorten zur Folge. Da die Erträge noch immer hinter den Erwartungen zurückbleiben – Futtermittel müssen importiert werden – begann am Anfang der achtziger Jahre ein Umdenken in der Landwirtschaftspolitik. Die Einheiten sollen wieder überschaubarer gemacht, die Arbeiter möglichst nur in der Nähe ihrer Wohnung beschäftigt werden. Der Wert der «eigenen Scholle» wurde wieder entdeckt. Der Bauernkongress 1982 brachte Veränderungen auf dem Land. Die starre Trennung von Tier- und Pflanzenproduktion wurde gelockert. Die «neuen» Erkenntnisse brachten eine Rückbesinnung. Der SED-Bezirksleiter von Neubrandenburg, Johannes Chemnitzer, formulierte das so: «Die Landwirtschaft hat es mit lebenden Organismen

Randow-Str.
Wir kaufen auf!
Wir kaufen auf!

Peene-Str.

Vorhergehende Doppelseite: Das Obst- und Gemüseangebot ist recht karg. Dieser Laden auf der Ostsee-Insel Usedom kauft Erzeugnisse von Kleingärtnern an.

zu tun. Der Boden kann nicht wie ein Werkstück behandelt werden.» Über zehn Jahre waren die Kühe nur in den Riesenställen gehalten worden. Nun wurden sie wieder auf die Weide getrieben. Der Kommentar eines Bauern: «Wir müssen den Kühen jetzt erst mal wieder das Grasen beibringen.»

Die vielen missglückten Reformversuche und Reorganisationen haben Unruhe und Rückschläge bewirkt. Die Massentierhaltung hat Misserfolge gebracht. Der Boden ist ausgelaugt durch den rücksichtslosen Einsatz von Chemikalien. Niemand weiss besser als die Bauern, dass hier eine vernünftige Mischung aus Ökologie und Ökonomie fehlt. Die DDR-Schriftstellerin Gabriele Eckart hat im grössten Obstanbaugebiet des Landes bei Werder (in der Nähe von Potsdam) Menschen befragt, die in der Landwirtschaft arbeiten. Ihre kritischen Tonbandprotokolle durften in der DDR nicht erscheinen. In diesem – im Westen erschienenen – Buch schildert eine 20jährige Traktoristin, was viele bewegt: «Was uns auch immer aufregt, ist, dass sie nicht an die Umwelt denken. Wenn wir Gift spritzen, gegen Insekten, Schorf und was es so gibt, geht das nur nach Leistung. Du musst am Tag deine zweitausend Liter spritzen, also immer voll auf die Düse(!), sonst schaffst du das nicht. Obwohl für den Fleck vielleicht ein Viertel reichen würde.» Durchschlagende Erfolge in der Landwirtschaft lassen weiter auf sich warten. Ohne strenge Parteiaufsicht liefe noch weniger. Die «Ernteschlacht» wird zur öffentlichen Angelegenheit gemacht. Im Spätsommer berichtet die «Aktuelle Kamera» – die Nachrichtensendung des DDR-Fernsehens – täglich über die «Erntefront», die über das Land rollt. Auch den Zeitungen sind diese Meldungen jeden Tag Schlagzeilen wert.

Das Leben auf dem Land hat sich durch die Industrialisierung der Landwirtschaft verändert. Auch die Landbevölkerung hat heute überwiegend eine Facharbeiterausbildung. Ganz neue Berufsbilder sind entstanden. Auf einer LPG arbeiten Traktoristen, die den ganzen Tag nichts anderes machen, als Traktor fahren und sie warten. Die Arbeitsplätze in der Landwirtschaft sind sicher in der DDR. Auch für eine Frau, die bis zum 50. Lebensjahr Feldarbeit gemacht hat, ist es nicht ungewöhnlich, noch einmal Qualifizierungskurse zu besuchen, um dann vielleicht noch einige Jahre in der Buchhaltung der Genossenschaft zu arbeiten.

Fragt man auf dem Land die Älteren, so ist ihre einhellige Meinung: «Uns geht es gut! Wir haben unser Auskommen, haben Urlaub und können in Kur fahren, wenn wir nicht gesund sind.» Auf dem Land ist tatsächlich etwas geschaffen worden, was im Westen seinesgleichen sucht. Jedes Mitglied der LPG ist sozialversichert. Diejenigen, die in einem Arbeitsverhältnis mit der LPG stehen, sowieso. Für die Bauern gilt die Regelarbeitszeit und das gleiche Recht auf Urlaub wie für andere Werktätige auch. Niemand muss um sein Einkommen oder seine Erträge bangen, der einmal während der Ernte krank wird. Bauern, die ihre Landwirtschaft nur noch im Nebenerwerb halten können, gibt es in der DDR nicht. Trotzdem haben fast alle noch ihren Nebenverdienst: Sie produzieren für den staatlichen Handel. Es ist beachtlich, wie die Landbevölkerung mit Produkten aus dem eigenen Garten oder vom eigenen Hof zur allgemeinen Versorgung der Bevölkerung beiträgt. Die Hälfte des Obstes, ein Drittel des Gemüses, ein Drittel der Eier, sämtliches Kaninchenfleisch, fast sämtlicher Honig und ein Viertel der Wolle stammen von privaten Erzeugern. Auf diese Weise kommen gelegentlich Gemüsesorten auf den Markt, von denen in der DDR vor kurzem kaum jemand wusste, was man daraus kocht. Erst vor wenigen Jahren tauchten erstmals Auberginen, Broccoli und Zucchini auf.

Eine Vielzahl staatlicher Aufkaufstellen nimmt den privaten Erzeugern die Ware ab. Der Anreiz ist hoch. Die Preise für Grundnahrungsmittel werden in der DDR nämlich aus dem Staatshaushalt subventioniert. Dadurch bekommen die Erzeuger mehr für ihre Produkte in den Aufkaufstellen als diese dann später im Handel kosten. Beispielsweise erhält ein Hühnerzüchter 45 Pfennige für ein Ei, das später im Handel nur 35 kostet. Der Verband der Kleingärtner, Siedler und Kleintierzüchter (VKSK) ist die Massenorganisation, über die die SED versucht, diese Bevölkerungsgruppe zu steuern. Immerhin gehören 1,3 Millionen Mitglieder diesem Verband an. Über den VKSK werden Futtermittel und Samen verkauft. Wer besonders fleissig abliefert, wird bevorzugt beliefert. So manche Mark wird hier nebenbei und ganz offiziell verdient.

Sozial und materiell geht es der Landbevölkerung gut. Schon in den sechziger Jahren waren sie besser mit Autos, Kühlschränken, Waschmaschinen und Fernsehgeräten ausgestattet als die Arbeiter und Angestellten in den Städten. Überall in den Dörfern entstehen neuerdings Eigenheime, die nun auch städtischen Wohnkomfort aufs Land bringen. Einige wenige hatten das schon vorher: Grössere LPG oder GPG (Gärtnereigenossenschaften) bauten für ihre Mitglieder, die von ausserhalb kamen, in den fünfziger Jahren Wohnblocks an den Dorfrand. Die meisten blieben in ihren alten Häuschen, deren Wohnkomfort äusserst niedrig war. Doch auch einige Dorfbewohner zogen in die Neubauten. Um die freiwerdenden alten Häuser rissen sich die Städter, vor allem die Ostberliner. Heute ist es auch in der DDR nicht mehr einfach, ein altes Bauernhaus als Wochenendgrundstück zu erwerben. Die Nachfrage ist gross. Der Preis ist dabei nicht entscheidend. Ein halbverfallenes Haus mit Grundstück wechselt für ein paar tausend Mark den Besitzer. Doch Schwierigkeiten macht der Ausbau. Wer nicht am Ort mit erstem Wohnsitz gemeldet ist, hat nur dann Anspruch auf Baumaterial, wenn etwas übrigbleibt, was bei der

Strasse in Rheinsberg: In vielen Kleinstädten fehlt es an Geld und Material zum Erhalt des Häuserbestandes.

Knappheit an Baumaterial selten vorkommt. Und am Ort des ersten Wohnsitzes hat der Stadtmensch eine Mietwohnung und deshalb dort keinen Anspruch auf Zuteilung aus dem staatlichen Baustoffhandel.
Was die Städter so anziehend finden – die Ruhe –, ist für die jüngere Landbevölkerung kein Reiz. In den Dörfern ist nichts los. Im Ort gibt es bestenfalls eine Gaststätte. Nicht selten hängt draussen ein Schild: «Sonnabend und Sonntag Schliesstag.» Das ist ein grosses Problem für die Jugendlichen, die in grosser Zahl bei der staatlich gelenkten Vergabe von Lehrstellen auf landwirtschaftliche Berufe «orientiert» werden und dann ihre Lehrzeit in tristen Lehrlingswohnheimen verbringen müssen, weil sie aus umliegenden Orten und Städten kommen. Energisch, aber nur mit Teilerfolgen, versucht die FDJ, mehr für die Landjugend zu tun. Die Probleme werden in der DDR offen diskutiert. Nicht wenige versuchen, sich der Öde auf dem Land durch Qualifizierung zu entziehen oder als Ungelernte in der Industrie oder der Bauwirtschaft einen neuen Job zu finden. Landflucht ist auch in der DDR ein unbewältigtes Problem für die Planer.
Beim Vergleich mit westlichen Landwirten schneiden die Genossenschafter in der DDR auf sozialem Gebiet zweifellos besser ab. Von sinkenden Einkommen – wie in der Europäischen Gemeinschaft – ist bei den DDR-Bauern nicht die Rede. Dafür hinken sie mit ihren Durchschnittserträgen hinterher. Aber in Gesprächen mit Leuten auf dem Land ist oft dieser für westeuropäische Ohren peinliche Hinweis zu hören: «Mir ist es lieber, ich habe das, was ich brauche, muss nicht hungern und bin abgesichert, als dass ich meine Überschüsse vernichte und trotzdem um meine Existenz bangen muss.»

Wohnen: Eng, aber preiswert

Auf dem VIII. Parteitag der SED im Jahr 1971 wurde ein kühnes Vorhaben beschlossen: Bis 1990 sollte in der DDR «das Wohnungsproblem als soziales Problem» gelöst sein. Das war bitter nötig, denn bis dahin war wenig geschehen auf dem Sektor Wohnungsbau. Die Wohnverhältnisse in den kriegszerstörten Städten der DDR waren teilweise katastrophal. Ulbricht pflegte zu bemerken, dass die Altbauten und somit die schlechten Wohnbedingungen zu den Dingen gehörten, die der Kapitalismus hinterlassen hätte – eine dürftige Entschuldigung für seine Untätigkeit.

Neugebaut wurde in der Ära Ulbricht wenig. Ein paar Prestigeobjekte wie der Ausbau der damaligen Stalin-Allee in Ost-Berlin und die Neugestaltung des Zentrums der DDR-Hauptstadt wurden gefördert. Neubauten entstanden auf dem Land, wo sich grosse landwirtschaftliche Produktionsgenossenschaften (LPG) bildeten, und in den Zentren der Bezirkshauptstädte. Ein Grossprojekt dieser Zeit war die Satellitensiedlung Halle-Neustadt, ein Musterbeispiel an Öde, Unübersichtlichkeit und Unbehaglichkeit. Doch die Bauleistung insgesamt war gering. Die Wohnsituation der Bevölkerung verschlechterte sich zusehends. Die niedrigen Mieten waren ein schwacher Trost. So war das 1971 verkündete Wohnungsbauprogramm zwingend notwendig.

Seitdem wird viel gebaut in der DDR. Am Rande aller grösseren Städte sind Neubaugebiete entstanden – nicht unbedingt schön, aber zweckmässig. Wer vorher in einem verfallenden Altbau mit Ofenheizung, ohne Bad und mit einer Gemeinschaftstoilette im Treppenhaus in einer winzigen und schadhaften Wohnung leben musste, war froh über eine moderne Neubauwohnung mit Komfort. Bevorzugt durften junge Familien mit Kindern dort einziehen. Seit Anfang der achtziger Jahre werden planmässig die städtischen Altbaugebiete rekonstruiert und modernisiert.

Auch der Baustil hat sich verändert. In den Stadtzentren werden in vorhandene Baulücken nicht mehr hässliche Zweckbauten gestellt, sondern es wird dem Stil angepasst gebaut.

Der Jugendverband Freie Deutsche Jugend (FDJ) hat 1977 die «Berlin-Initiative» ins Leben gerufen, das grösste Bauvorhaben, das die DDR je erlebt hat. Aus dem ganzen Land werden die Bauarbeiter abkommandiert, um den Ausbau der Stadt zu schaffen. Schüler und Studenten helfen in den Sommerferien mit. Ein hohes Tempo wurde vorgelegt. Je näher das Jahr 1990 rückt, desto mehr Zweifler müssen zugeben, dass die SED ihren ehrgeizigen Plan bewahrheiten könnte. In den knapp 20 Jahren sollten 3,5 Millionen Wohnungen neu

gebaut oder modernisiert sein, Wohnraum für insgesamt 10,5 Millionen Menschen. Honecker verkündete auf dem XI. Parteitag der SED 1986 voller Stolz: «Damit wird bis 1990 die Wohnungsfrage als soziales Problem gelöst und ein altes Ziel der revolutionären Arbeiterbewegung Wirklichkeit. Jeder Bürger wird über angemessenen Wohnraum verfügen.»
Damit hat er nicht zuviel versprochen. Über die Grösse und die Qualität der Wohnungen hat er damit nichts gesagt. Hier und da werden Wünsche offenbleiben. Und die monotonen Betonwüsten schaffen vielleicht neue Probleme. Dennoch: Dass es «angemessenen Wohnraum» für billige Mieten gibt, ist unbezweifelbar.
Grundsätzlich hat jede Familie in der DDR soviel Anspruch auf Wohnraum, wie die Familie Mitglieder hat. Einer vierköpfigen Familie steht damit höchstens eine Vierraumwohnung zu.
Die Wohnraumvergabe ist kommunal oder genossenschaftlich gelenkt. Wer eine Wohnung braucht, wendet sich an die Kommunale Wohnungsverwaltung (KWV). Dort ist aber nie sofort eine Wohnung zu finden. Normalerweise wird man auf eine Warteliste gesetzt und muss immer wieder nachfragen, bis sich Wunsch und Angebot decken. Auch die Mietwohnungen in Privathäusern werden hier vergeben. Einen freien Wohnungsmarkt gibt es nicht. Kein Vermieter hat irgendwelchen Einfluss darauf, wer in sein Haus einzieht. Und auch die Mieten sind festgesetzt. Die Mieteinnahmen sind so niedrig, dass damit nicht einmal die dringendsten Instandhaltungsarbeiten bezahlt werden können. Von der schwierigen Beschaffung von Baumaterialien und Handwerkern ganz zu schweigen. Denn der staatliche Wohnungsbau hat Vorrang. So sind denn auch die privaten Miethäuser in noch schlechterem Zustand als die noch nicht modernisierten kommunalen Altbauten. Häufig ist von Hauseigentümern zu hören, die vergeblich versuchen, ihre Gebäude an die KWV zu verschenken. Die staatlichen Behörden wissen aber, wieviel Geld für allerdringendste Arbeiten in die Häuser gesteckt werden müsste – und lehnen dankend ab.
Eine ofengeheizte Dreizimmer-Altbauwohnung mit Bad, ungefähr 70 m^2 gross, kostet in Ost-Berlin, wo die höchsten Mietpreise der Republik gelten, 55 bis 60 Mark im Monat. In einer Kleinstadt kann man eine kleine Zweizimmerwohnung mit Aussentoilette und Ofenheizung für 20 Mark haben. Die Mieten wurden überall in der DDR auf dem Stand von 1938 eingefroren. Die Neubaumieten werden auf diesem Preisniveau errechnet. Das Stadt-Land-Gefälle der dreissiger Jahre spiegelt sich deshalb noch bei den heutigen Mieten wider. Auch innerhalb der Städte gibt es diese Abstufungen noch. So kann eine Altbauwohnung schlechtester Qualität in nicht restaurierten Strassenzügen des Stadtbezirks Mitte in Ost-Berlin teurer sein als eine grössere und qualitativ bessere am Stadtrand. Berlin-Mitte war vor dem Zweiten Weltkrieg ein pulsierendes Geschäftsviertel mit entsprechend höheren Mieten. Die Finanzierung der Wohnung ist für niemand in der DDR ein Problem. Eine vierköpfige

Vorhergehende Doppelseite: Renovierte Mietskasernen im Berliner Stadtteil Prenzlauer Berg: Die Wohnungen in der DDR sind zwar eng, aber auch preiswert.

Familie muss für Wohnung und Nebenkosten nur durchschnittlich fünf Prozent des Haushalteinkommens aufwenden. Das Problem ist immer noch die Grösse und die Qualität der Wohnung.

Theoretisch kann jeder Jugendliche, wenn er volljährig ist, Wohnraum für sich beanspruchen. Doch bei der KWV hat er damit selten Glück. Es gibt noch immer zuwenig Wohnungen, und so werden die Einraumwohnungen erst einmal an junge Ehepaare vergeben. Sie fangen meist mit dem schlechtesten an, was die Gemeinde zu bieten hat: Hinterhauswohnung mit Ofenheizung ohne eigene Toilette.

In dem noch bestehenden Wohnungsproblem liegt auch ein Grund dafür, dass in der DDR so früh geheiratet wird. Die Eheschliessung ist der einzige sichere Weg, möglichst schnell aus der elterlichen Wohnung ausziehen zu können. Wenn dann bald Kinder kommen, können die jungen Paare auch auf eine grössere und bessere Wohnung hoffen. Eine Familie ist in der DDR meist komplett, bevor die Eltern fünfundzwanzig sind. Aber viele Paare trennen sich auch wieder. *Ein* Grund für die hohe Scheidungsrate dürfte auch in den zu engen Wohnungen liegen, die dem einzelnen oft zu wenig Entfaltungsmöglichkeiten bieten.

Nach den Scheidungen dauert es manchmal Monate, bis jeder der ehemaligen Partner eine eigene Wohnung hat. Sind Kinder da, behält normalerweise der die Wohnung, der das Sorgerecht übertragen bekommt. Das ist auch in der DDR überwiegend die Mutter.

Seit 1954 gibt es die Arbeiterwohnungsbaugenossenschaften (AWG). Das sind Zusammenschlüsse von Betrieben, Kombinaten, Verwaltungen und Produktionsgenossenschaften des Handwerks (PGH), die gemeinsam Neubauten errichten und anteilig an die Mitarbeiter der einzelnen Betriebe vergeben. Jeder Betriebsangehörige kann Mitglied der AWG werden und somit Anrecht auf Wohnraum in diesen Neubauten erwerben. Über die Mitgliedschaft entscheidet die Gewerkschaft. Die Dauer der Betriebszugehörigkeit und die Arbeitsleistung sind Aufnahmekriterien. Die AWG-Mitglieder haben ihren zukünftigen Wohnraum sicher. Dafür müssen sie eine Eigenleistung bringen, die von der Wohnungsgrösse abhängig ist. Eine kleine Dreiraumwohnung erfordert einen Eigenbeitrag von 2100 Mark. Er kann in kleinen Raten bezahlt und teilweise auch als Arbeitsleistung durch Hilfsarbeiten beim Bau (beispielsweise Bauschutt räumen) erbracht werden. Die meisten leisten, wenn sie es können, lieber den finanziellen Beitrag, als am Wochenende zusätzlich zu arbeiten.

Die AWG baut Teile von Neubaugebieten. Vom Staat bekommt sie dafür billige Kredite. Seit ihrem Bestehen sind rund eine Million Genossenschaftswohnungen entstanden. Die AWG-Wohnungen sind etwas billiger als die anderen. Eine Vierraumwohnung mit Küche, Bad und Balkon, knapp 80 m^2 gross, kostet monatlich einschliesslich Heizkosten rund 150 Mark.
Alle Mieter eines Mehrfamilienhauses bilden zusammen eine Hausgemeinschaft. Diese wählt aus ihren Reihen eine Hausgemeinschaftsleitung (HGL), diese wiederum einen Vorsitzenden, den HGL-Vorsitzenden. Nach Möglichkeit soll dieser Vorsitzende SED-Mitglied sein, denn das politische Gespräch mit den Mitbewohnern ist auch Aufgabe der HGL. Sie halten auch Kontakt zu Behörden und stehen den Abschnittsbevollmächtigten (ABV) der Polizei für Auskünfte über Bewohner oder Vorkommnisse im Wohngebiet zur Verfügung. Sollen die Grünanlagen vor dem Haus im Frühjahr neu angelegt oder das Treppenhaus tapeziert werden, ruft die HGL zum gemeinsamen Wochenendeinsatz auf. Solche Termine sind bei den Mitbewohnern nicht unbedingt beliebt. Und viele Vorsitzende klagen, dass gerade die Genossen, die ja Vorbild sein sollten, sich auffällig häufig vor solchen Arbeiten drücken und wichtige Termine vorschützen.
In einigen grossen Wohnblöcken haben die Bewohner gemeinsam einen Kellerraum für grössere Familienfeiern eingerichtet, denn dafür sind die Wohnungen ja meist viel zu eng. In anderen sind sogar Saunen entstanden. Solche Initiativen sind aber selten. Doch zumindest lädt die HGL von Zeit zu Zeit zu Skatturnieren ein.
In jedem Haus muss ein Hausbuch geführt werden. Dort müssen alle Ein- und Auszüge eingetragen werden. Auch längere Aufenthalte von Besuchern aus der DDR und alle Übernachtungen von Ausländern müssen mit Namen und Adressen der Gäste registriert werden. Die Polizei kann jederzeit Einblick in diese Hausbücher verlangen.
Auf dem Land und an den Stadträndern, wo überwiegend Ein- und Zweifamilienhäuser stehen, wohnen die meisten in eigenen Häusern. Wer sie von früher her besass, konnte froh sein. Denn Neubaugenehmigungen wurden viele Jahre nicht vergeben. Erst seit Anfang der siebziger Jahre ist das wieder möglich. Heute machen die privaten Neubauten etwa 10 Prozent der gesamten Wohnungsbautätigkeit aus. Doch eine Baugenehmigung zu bekommen ist äusserst schwierig. Die besten Chancen haben Familien mit vier und mehr Kindern. Die neuen Wohnungen in den Trabantenstädten sind für sie zu klein. Auch für Leute, die sich um Staat und Gesellschaft verdient gemacht haben, stehen die Chancen gut. Das sind beispielsweise Bestarbeiter, Träger höherer und staatlicher Orden und Auszeichnungen oder Spitzensportler.
Wer eine Baugenehmigung einmal ergattert hat, für den fangen die richtigen Probleme erst mit der Beschaffung von Baumaterial und mit dem Bestellen von Handwerkern an. Zwar hat ein Eigenheimbauer auch das Recht erworben, im staatlichen Baustoffhandel bevorzugt einzukaufen, doch das nützt

wenig, wenn kein Material vorhanden ist. Der staatliche Wohnungsbau hat eben immer Vorrang. Ist das Material da, fehlen oft die Handwerker. Im Vorteil ist, wer etwas besonderes zu bieten hat, das die Handwerker schneller kommen lässt. Den meisten Handwerkern wird nachgesagt, dass sie eher bereit sind, einen Auftrag anzunehmen, wenn ihnen in Aussicht gestellt wird, dass sie einen Teil ihrer Arbeit mit Westgeld bezahlt bekommen. Fast alle Hausbauer bedienen sich wenigstens für Teile des Baus der Hilfe von Schwarzarbeitern. Sie arbeiten an Feierabenden und Wochenenden oder lassen sich für diese Arbeit auch mal in ihrem staatlichen oder genossenschaftlichen Betrieb krankschreiben.

Steht der Rohbau, macht auch der Innenausbau noch Probleme. Holz für Wandverschalungen oder Parkettböden ist genauso knapp wie Kacheln für Fussböden oder Badezimmerwände. Für die Fliesen gibt es eine mehrjährige Wartezeit. Solche Engpässe schaffen eine besondere Form von Kriminalität, für die es einen im Westen unbekannten Straftatbestand gibt: Diebstahl von sozialistischem Eigentum. In diesem Fall heisst das: Die Handwerker entwenden aus ihren Betrieben Baumaterial, Elektrokabel und anderes, was die Hausbauer brauchen, und verkaufen es ihnen. Ein gängiger, doppelsinniger Spruch in der DDR lautet: «Aus diesem Betrieb ist noch viel herauszuholen.»

Ein Fliesenleger, der gerade in einer Grossküche die Wände kachelte, gab seinen Trick preis: «Vorgeschrieben ist, wie hoch die Wände gekachelt werden müssen. Deshalb verbreitern wir die Fugen. Dann kommt ein Kontrolleur und nimmt die Arbeit ab. Den Zollstock setzt er nicht ganz unten an, damit er auf die vorgeschriebene Höhe kommt. Dabei bleiben dann ungefähr zwei Kachelreihen übrig. Die eine kriegt er, die andere wir.»

Es wäre unredlich, allen Handwerkern solche Praktiken zu unterstellen. Aber eine Ausnahme ist dieses Beispiel auch nicht. Das beweisen die Gerichtsreportagen, die immer wieder in Zeitungen erscheinen.

Die nach vielen Jahren fertiggestellten Häuser werden liebevoll gepflegt. Sie unterscheiden sich dann nicht mehr von den neuen Einfamilienhäusern westeuropäischer Länder. Nur älteren Häusern ist anzumerken, dass sie in der DDR stehen. Der Putz ist grau und oft abgebröckelt. Daraus aber auf Schlampigkeit oder auf mangelnde Liebe der Bewohner zu ihrem Eigenheim zu schliessen, wäre verkehrt. Haltbare Fassadenfarbe gehört zu den Erzeugnissen, deren Herstellung der DDR bisher nicht gelungen ist.

Neubaugebiet an der Ho-Chi-Minh-Strasse in Berlin-Lichtenberg: eintönige Architektur, aber Wohnraum für viele.

Urlaub und Reisen: Drang in die Ferne, Gedränge an der Ostsee

Wenn in der DDR jemand nach Hause kommt und erzählt: «Ich habe über den Betrieb einen Ferienplatz in Ahlbeck bekommen», dann ist das ein doppelter Grund zur Freude. Denn die Familie kann auf der schönen Ostseeinsel Usedom Urlaub machen, und dieser Urlaub wird nicht viel kosten. Betriebe und Gewerkschaften haben im ganzen Land Ferienquartiere, die sie für wenig Geld an ihre Mitglieder vergeben. Die meisten Menschen in der DDR versuchen erst einmal, einen solchen Platz zu ergattern. Wenn sie sich im Betrieb darum beworben haben, entscheidet eine zuständige Kommission der Gewerkschaft. Ein solcher Urlaub kann nicht geplant werden.

Einige Leute haben das Glück, «ihr» festes privates Urlaubsquartier an der Hand zu haben. Dort fahren sie dann immer wieder hin oder vermitteln es an Freunde und Bekannte. Sie selbst hatten es irgendwann auf die gleiche Weise bekommen. Andere fahren immer wieder auf die zahlreichen Campingplätze der DDR oder der sozialistischen Nachbarländer.

Wer eine Reise ins Ausland vorhat, der plant genau. Dann geht es ums Reiseziel, aber vor allem um die Finanzierung. Denn die Reisen über das staatliche und einzige «Reisebüro der DDR» sind teuer und knapp. Ohnehin gehen diese Reisen nur ins sozialistische Ausland, denn die Grenzen zum Westen sind DDR-Bürgern normalerweise bis zum Rentenalter verschlossen. Einen Reisemarkt und eine Tourismusindustrie nach westlichem Muster gibt es in der DDR nicht. Das Angebot an Urlaubsplätzen liegt weit unter dem Bedarf. Der Reisekatalog – es gibt nur einen – ist auf Zeitungspapier gedruckt und schlicht. Bilder enthält der Katalog nicht. Ein Werben um den Kunden ist nicht nötig. Die Chance, eine interessante und auch erschwingliche Reise in die Ferne buchen zu können, ist gering.

So ist es kein Wunder, dass man erst einmal versucht, einen Ferienplatz über den Betrieb oder über die Gewerkschaft zu bekommen. Hier ist das Angebot noch immer am grössten. Ferienobjekte – so heissen diese Plätze in der DDR – sind Ferienheime, festinstallierte Wohnwagen mit Vorzelten, angemietete Privatunterkünfte oder Bungalowsiedlungen. Der «FDGB-Reisedienst» mietet sich während der Saison in Betriebsferienheimen ein und übernimmt für diese Zeit Privatquartiere. Nach einem festen Schlüssel werden den Betrieben neben den eigenen Ferienplätzen noch solche des FDGB zugewiesen. Auf die Gewerkschaftsplätze haben alle organisierten Mitglieder des Betriebes und auch deren nichtorganisierte Familienangehörige Anspruch. Die Plätze werden nach sozialen und gesellschaftlichen Gesichtspunkten vergeben. Die Dauer der Betriebszugehörigkeit, das Alter, die Familiengrösse und die «gesellschaftliche Aktivität» spielen bei der Vergabe eine Rolle.

Die Preise für diese Reisen sind niedrig, denn sie sind Teile der Sozialfonds von Betrieben und Gewerkschaften. Eine dreizehntägige Unterkunft – das ist die übliche Dauer – in einem Wohnwagen mit Vorzelt, mit voller Ausstattung, jedoch ohne Verpflegung, kostet eine vierköpfige Familie rund 100 Mark. Das ist die niedrigste Preiskategorie. Mit steigendem Komfort und mit Verpflegung steigen auch die Preise.

Die Verpflegung in den Ferienquartieren ist einfach, ebenso wie die Ausstattung der Quartiere selbst. Die Mahlzeiten werden in Mensa-ähnlichen, meist ungemütlichen Grossgaststätten eingenommen, die eigens dafür errichtet wurden. Das Essen hat einfache Kantinenqualität. Die Mahlzeiten können nur zu festgesetzten Zeiten eingenommen werden. In den Urlaubsgebieten sind dann zu bestimmten Zeiten die Strände und Sehenswürdigkeiten beinahe leergefegt. Die wenigen Zurückbleibenden erkennen sich gegegenseitig als Individualreisende.

Doch wer in die Hauptreisegebiete fährt, kann zufrieden sein, einen solchen Platz mit Vollverpflegung ergattert zu haben. Die wenigen Restaurants, die keine Verträge für die Pauschalurlaubsversorgung haben, sind hoffnungslos überlaufen. Nur mit frühzeitigem und langem Anstehen ist dort ein Platz zu bekommen. Wer zeltet, nimmt aus der Heimat alles zur Verpflegung mit, was das Auto fassen kann: Konserven und andere haltbare Lebensmittel und auch Getränke. Am Urlaubsort wird nur gekauft, was wirklich dringend benötigt wird. Die Geschäfte der Gegend sind zu schlecht beliefert, um die Urlaubermassen zu versorgen. Das gilt vor allem für die Ostseeküste. 1985 drängten sich dort 3,4 Millionen Touristen, beinahe die Hälfte von ihnen hatte die Ferienplätze über den Betrieb oder den FDGB erhalten.

Damit die Betriebe ihren Mitarbeitern Abwechslung bieten können, suchen sie Partnerfirmen, mit denen sie zeitweise ihre Ferienplätze tauschen können. Viele unterhalten auch Partnerschaftsverträge mit Betrieben in der CSSR, in Polen und in Ungarn. Sie tauschen ebenfalls Plätze untereinander aus. Die Reise kostet dann genauso wenig wie der betriebseigene Ferienplatz im Harz oder an der Ostsee.

Wer selbst ein Ferienhaus oder ein Wochenendgrundstück besitzt, hat es besonders gut. Diese Leute sind unabhängiger vom kleinen Reisemarkt. Sie ziehen sich in den Ferien auf ihr Grundstück zurück. Liegt es in einer reizvollen Gegend, kann der Besitzer sicher sein, seine Ferien nicht einsam zu verbringen: Ständig melden sich Freunde und Verwandte, und hinter vielen Ferienhäuschen an der Ostsee oder in Mecklenburg stehen in den Sommermonaten die Zelte der Besucher.

Fast alle angebotenen Reisen der offiziellen Veranstalter sind Inlandsreisen. Nur drei Prozent davon gehen in andere sozialistische Länder. Reisen in den Westen werden offiziell nicht angeboten. Im Sommer wollen fast alle Inlandsreisenden an die Ostsee oder wenigstens nach Mecklenburg; im Winter in den Harz, ins Erzgebirge oder in den Thüringer Wald, um Wintersport treiben zu können. Wer – abgesehen von den ohnehin überzeugten Campern – kein Glück mit Ferienplätzen des Betriebes, des FDGB oder des Reisebüros hatte, kann es auf einem der rund 500 Zeltplätze der DDR versuchen. Aber auch hier ist es schwierig, einen Standort für den ganzen Urlaub zu bekommen. An einem bestimmten Tag im Herbst des Vorjahres werden sie vergeben. Die Plätze in den beliebtesten Feriengebieten sind binnen weniger Stunden vergeben. Privatquartiere sind nur wenige zu haben. Für die Vermieter ist es lohnender, ihre Zimmer den Betrieben oder dem FDGB zu überlassen. Ausser der wöchentlichen Reinigung und dem Wechsel der Bettwäsche haben sie kaum mit den Feriengästen Arbeit. Der Veranstalter holt schmutzige Wäsche ab und bringt die saubere schrankfertig zurück. Und ständige Belegung ist gesichert. Wer nicht einen Vermieter kennt oder wenigstens über einen Bekannten Kontakt herstellen kann, kommt an Privatquartiere kaum heran. Solche Urlaubsplätze sind manchmal sogar Tauschobjekte. Wer ein Quartier in begehrter Umgebung vermittelt, kann als Gegenleistung verlangen, dass ihm zum Beispiel ein Satz Autoreifen, eine Gefriertruhe, Wandkacheln oder andere schwer erhältliche Waren besorgt werden.

Urlaubsreisen ins Ausland sind für DDR-Bürger noch schwieriger zu organisieren als Reisen innerhalb der DDR. Für fast alle sozialistischen Länder brauchen sie ein Einreisevisum. Lediglich mit der CSSR und mit Polen bestehen Vereinbarungen über visafreien Reiseverkehr. Doch als die polnischen Arbeiter 1980 zu streiken begannen und eine unabhängige Gewerkschaft gründeten, wurde dieses Abkommen mit Polen durch eine Vereinbarung so stark eingeschränkt, dass kaum noch Reisen möglich waren. Das traf die DDR-Bürger hart. Bis dahin war das Nachbarland ein beliebtes Reiseziel – für Tagesfahrten genauso wie für einen ganzen Urlaub. Die Gründe, dorthin zu fahren, waren vielfältig. Die Ostseeküste ist länger und schöner und nicht so überlaufen wie in der DDR. Die Einstellung der Polen zum Leben und zur Arbeit wurde in den Urlaubswochen als angenehm und locker empfunden. In Polen kann man eine Reihe von Dingen kaufen, die es in der DDR schwer oder selten gibt: Pelze, Lederwaren, verschiedene elektrische Geräte. Und Polen war immer das einzige Land, in dem die DDR-Mark etwas galt. Hier und sonst nirgends konnte die Mark zum günstigeren Schwarzmarktkurs getauscht werden. Denn die Polen fuhren in Massen über die Grenze, um in der DDR Dinge des täglichen Bedarfs einzukaufen.

In den ersten Jahren dieser neuen Vereinbarung waren fast alle Kontakte erloschen. Selbst organisierte Reisen fanden nicht statt. Auch aus den Betrieben, die mit polnischen Partnern Austauschverträge hatten, konnte niemand mehr reisen. Inzwischen hat sich die Situation seit 1983 schrittweise gelockert. «Jugendtourist» – das Reisebüro der FDJ – und auch das staatliche «Reisebüro der DDR» bieten wieder einige Reisen an. Auch Pioniergruppen können

Nachfolgende Doppelseite: Ein beschaulicher Ausflug mit einem Spreewald-Kahn gehört zu den beliebtesten Freizeit-Vergnügen der DDR-Bewohner und -Besucher.

wieder vereinzelt in Austauschlager fahren. Wer heute im Juli und August – das sind die beiden Sommerferienmonate in der DDR – durch Polen fährt, trifft nur ganz selten ein Auto mit DDR-Kennzeichen oder vernimmt mitteldeutsche Dialekte. Das war früher ganz anders. Der Reiseverkehr ist fast zum Erliegen gekommen.

Das einzige Land, in das DDR-Bürger ohne vorherige Formalitäten reisen können, ist die CSSR. Für alle anderen brauchen sie ein Visum. In den Westen können sie als Touristen nicht reisen. Doch auch für die sozialistischen Länder – die CSSR eingeschlossen – gibt es eine Hürde. Während all diese Länder von den devisenbringenden Westtouristen einen Mindestumtausch verlangen, der beliebig überschritten werden darf, gilt für die Reisenden aus der DDR ein Maximalumtauschsatz, der zudem nicht sehr hoch ist. In der CSSR dürfen bei einem Tagesbesuch nur höchstens 17 Mark umgetauscht werden, bei längeren Aufenthalten 40 Mark – jeweils pro Tag und Person. Die meisten Reisen in die Tschechoslowakei sind Tagesfahrten. So kann man die teuren Übernachtungen im Nachbarland umgehen. Die grenznahen Orte Karlovy Vary und Cheb (Karlsbad und Eger) sind von der südlichen DDR aus in etwa einstündiger Autofahrt zu erreichen. Die beiden Städte sind gleichzeitig Drehscheiben deutsch-deutscher Begegnungen. Fast alle ehemaligen DDR-Bürger, die in den letzten Jahren legal oder illegal ihr Land verlassen haben, dürfen über Jahre nicht in ihre alte Heimat zurückreisen. Und auch viele andere Menschen sind aus unterschiedlichen Gründen in der DDR unerwünscht. Die CSSR hat gegen deren Besuch nichts einzuwenden. So ist der Norden des südlichen Nachbarlandes eine Begegnungsstätte für Verwandte und Freunde, die sich sonst nicht sehen können.

Prag ist ein beliebtes Reiseziel. Die tschechische Hauptstadt hat ein weltstädtisches Flair, das DDR-Bürger aus ihrer Heimat nicht kennen. Viele haben auch dort ihre preiswerten Privatquartiere oder reisen mit Adressen, die Freunde und Verwandte ihnen weitergegeben haben. Die Angebote des «Reisebüros der DDR» sind dagegen teuer. Die Reisen, die 1985 im Katalog angeboten waren, kosteten pro Tag in Prag zwischen 80 und 170 Mark. Die Unterbringung erfolgte in mittleren bis guten Hotels, der Preis schloss Unterkunft und Verpflegung ein, nicht aber die An- und Abreise. Um solche Plätze muss man sich frühzeitig kümmern. Für Reisen, die zwischen dem 1. Mai und dem 31. Dezember 1985 stattfanden, wurden beispielsweise die «Vormerkkarten» vom 19. bis 23. November 1984 entgegengenommen.

Viele Einzelreisende klagen mehr und mehr über die zunehmenden Fahrten westlicher Kegelklubs und anderer Vereine – vor allem aus der Bundesrepublik und aus Österreich. Eine Frau aus Ost-Berlin erzählte: «Ich kann kaum noch in eine Bar gehen, ohne von diesen Westlern gleich als Freiwild behandelt zu werden. Sie glauben, mit ihren harten Westwährung könnten sie sich alles kaufen – auch die Frauen. In den Prager Bars blüht die Prostitution. Die Portiers lenken das Geschäft. Prag wird mehr und mehr zum Bangkok für den Nahverkehr.»
Dahinter steckt auch ein Vorwurf an die «Bruderländer». Denn überall werden die Westtouristen wegen ihrer konvertierbaren («harten») Währung bevorzugt. An den gleichen Orten wohnen sie in den besseren Hotels und haben die bessere Verpflegung. In manchen sowjetischen Schwarzmeerbädern sind sogar die Strände für Ost- und Westtouristen durch Maschendrahtzaun getrennt. Viele Restaurants können DDR-Bürger überhaupt nicht betreten, weil ihnen die passende Währung fehlt. Dort muss man nämlich mit westlichen Devisen bezahlen. So fühlen sich DDR-Bürger oft als «Deutsche zweiter Klasse». Und es kränken die Angebote, die nur den Westtouristen gelten: die Abstecher in die westlichen Metropolen Istanbul, Athen oder Kairo, die in den Schwarzmeerstädten angeboten werden.
Eine zusätzliche Diskriminierung ist die Beschränkung der Umtauschmöglichkeiten auf einen Maximalsatz. Am schlechtesten geht es den DDR-Bürgern derzeit in Ungarn. Dort ist dieser Höchstsatz besonders gering: Nur etwa 30 Mark dürfen pro Person und Tag umgetauscht werden. Ausserdem können sie auch nur für maximal zwei Wochen ihre DDR-Mark in Forint wechseln. Dies gilt auch, wenn der Urlaub länger dauert. Ein Individualreisender kann damit kaum etwas anfangen. Allein mit einer Übernachtung im Doppelzimmer eines billigen Privatquartiers in Budapest ist ein Umtausch bereits verbraucht. Hinzu kommen die sehr hohen Restaurantpreise. Was für den Westtouristen wegen des günstigen Kurses billig erscheint, ist für DDR-Bürger nahezu unerschwinglich.
Trotzdem drängeln sie sich in der ungarischen Hauptstadt, in der sich südliches Flair mit westlichem Luxus mischt. Das Angebot der Boutiquen, Kinos, Buch- und Plattenläden ist in den Augen der DDR-Besucher ungewöhnlich. In Restaurants und Cafés ist der Kunde König – ein Gefühl, das ihnen zu Hause nur selten vermittelt wird. Um sich wenigstens etwas von diesen Genüssen leisten zu können, versuchen viele – trotz der strengen Kontrollen des DDR-Zolls an Grenzen und Flughäfen – vorher eingetauschte D-Mark zu schmuggeln, um sie dort dann noch zusätzlich zum günstigen Kurs einwechseln zu können. Wer einheimische Freunde und Bekannte hat, vereinbart häufig einen Tausch: Beim Besuch in Budapest oder am Balaton (Plattensee) bezahlen die Ungarn, beim Gegenbesuch in Ost-Berlin oder an der Ostsee bezahlen die DDR-Bürger.
Die Reisen des «Reisebüros der DDR» sind teuer, aber begehrt. Die Reise wird in der DDR mit der eigenen Währung bezahlt. Damit entfallen am Ur-

laubsort alle Kosten für die Verpflegung. Das schmale Taschengeld, das dann noch gewährt wird – es liegt unterhalb des Maximalsatzes für Individualreisende – wird dann nur noch für Privates gebraucht. Aber auch damit kommt man nicht weit. In Rumänien beispielsweise werden, jedenfalls vermuten das DDR-Reisende, die Gastronomiepreise nach dem Schwarzmarktkurs für Westtouristen berechnet. Ein abendlicher Kneipenbummel ist beinahe unmöglich. Billigste Getränke in den Tanzlokalen sind kaum unter 20 Mark zu haben. Weil die Diskriminierung wegen der schlechteren Währung so offensichtlich ist, haben viele für sich den Schluss gezogen: «Das lass ich mir nur einmal bieten.» Und fahren nicht mehr hin.
Reisen in oder durch die Sowjetunion sind auch für Menschen aus den «Bruderländern» nur in Gruppen oder auf vorgeschriebenen Routen erlaubt. Ferien unter der Sonne Kubas können sich fast nur Rentner leisten, weil man sehr lange dafür sparen muss. Eine dreiwöchige Reise kostet pro Person 5400 Mark, das ist beinahe die Hälfte eines durchschnittlichen Jahres-Nettoeinkommens. Kuba-Fahrer werden auch streng ausgewählt. Bei den Zwischenlandungen in Madrid und Gander (Neufundland) setzen sich immer wieder DDR-Bürger ab, alleine in Gander jährlich 30 bis 40. Und Kuba, das sich westlichen Touristen so lange verschloss, bevorzugt inzwischen auch eher die harten Devisen der Touristen aus Kanada oder Westeuropa.
Etwa die Hälfte der DDR-Bürger fährt überhaupt nicht in Urlaub. Die einen verbringen ihre Ferien lieber im eigenen Garten. Die anderen haben keinen preiswerten Ferienplatz bekommen und können sich die teuren Fahrten des Reisebüros nicht leisten. Das trifft vor allem die Rentner. Doch die dürfen in die Bundesrepublik fahren. Wer Verwandte oder Freunde im Westen angeben kann, dem werden bis zu 60 Tage im Jahr bewilligt.
Durchschnittlich hat ein werktätiger DDR-Bürger 24 Urlaubstage. Seit 1979 die Samstage aus der Urlaubsberechnung herausgenommen wurden, sind das rund fünf Wochen Jahresurlaub. Dem stehen etwa 14 Wochen Schulferien der Kinder gegenüber. Fast alle kleineren schulpflichtigen Kinder fahren drei Wochen ins Ferienlager, die von den Betrieben, in denen die Eltern arbeiten, oder vom Pionierverband, der staatlichen Kinderorganisation, unterhalten werden. Dazu kommen meist zwei Wochen gemeinsamer Urlaub mit den Eltern. Auch in der DDR ist der Sommer die Hauptreisezeit. Die Schulen veranstalten für die Schüler der ersten bis fünften Klasse Ferienspiele, damit die Kinder der berufstätigen Eltern versorgt werden. Viele Eltern nehmen in den Herbst- oder Winterferien noch einmal getrennt Urlaub, damit sie mit ihren Kindern noch etwas gemeinsam unternehmen können.
Alle staatlichen und betrieblichen Urlaubsangebote sind sehr preiswert. Die Betriebe sind verpflichtet, Urlaubsplätze für die Mitarbeiter und Ferienlager für deren Kinder einzurichten. Das ist ein wesentlicher Teil der gesetzlich verankerten sozialen Pflichten von Betrieben und Gewerkschaften. Die Freie Deutsche Jugend (FDJ) unterhält Ferienlager für die Mitglieder der Pionieror-

Der berühmte Kreidefelsen an der Nordküste der als Urlaubsziel beliebten Ostsee-Insel Rügen leuchtet in der Frühlingssonne.

ganisation «Ernst Thälmann». Schüler der ersten bis fünften Klasse können daran teilnehmen. Für die berufstätigen Eltern ist das eine willkommene Entlastung. Und dieser Urlaub für die Kleinen ist extrem billig. Für den dreiwöchigen Aufenthalt zahlen die Eltern pro Kind 12 bis 30 Mark für Fahrt, Unterbringung, Verpflegung und Betreuung – ein eher symbolischer Preis. Kinder aus kinderreichen Familien (drei und mehr Kinder) können sogar ganz umsonst fahren.

Jährlich verbringen rund eine Million Schüler ihre Ferien in einem der Lager. Die Freizeit ist durchorganisiert: Spiele, Sport, Ausflüge zu Sehenswürdigkeiten der Umgebung und Wanderungen, aber auch politische Schulung und vormilitärische Ausbildung stehen auf den Programmen der Pionierferienlager. Mindestens einmal während des Aufenthalts treten die Kinder zum Fahnenappell an, in einigen Lagern sogar täglich. Besonders begehrt sind die internationalen Ferienlager der Pionierorganisation. Daran nehmen auch Kinder aus anderen sozialistischen Ländern und aus den Kinderorganisationen westlicher kommunistischer Parteien teil. Einige wenige Schüler dürfen in die entsprechenden Lager in anderen sozialistischen Ländern fahren. Sie werden mit der Teilnahme an internationalen Lagern für besondere schulische Leistungen und für ihre herausragende Arbeit in der Pionierorganisation ausgezeichnet. Von älteren Schülern wird erwartet, dass sie vier Wochen im Jahr einer Ferienarbeit nachgehen: drei Wochen davon zusammenhängend in den Sommerferien und eine weitere in den Winterferien. Die FDJ bietet «Lager der Erholung und der Arbeit» in Zusammenarbeit mit Betrieben für Schüler ab 14 Jahren an. Sechs Stunden täglich leisten sie bezahlte Arbeit, überwiegend in der Land- und in der Bauwirtschaft. Am Rest des Tages findet «gestaltete Freizeit» statt, die die FDJ organisiert. Schüler von der siebten Klasse an, die besondere Begabungen für Sport, Mathematik, Naturwissenschaften oder Sprachen zeigen, können an Trainingslagern oder sogenannten Spezialcamps teilnehmen. Staatliche Verbände und Institutionen bieten viel, um Kindern und Jugendlichen organisierte und preiswerte Ferienfreizeit zu ermöglichen.

Bei jungen Leuten steht das FDJ-eigene Reiseunternehmen «Jugendtourist» hoch im Kurs. Es vermittelt Reisen im Inland und ins sozialistische Ausland zu stark subventionierten Preisen. Die Reisen kosten etwa die Hälfte des Preises, den das «Reisebüro der DDR» dafür verlangt. Mitreisende Kinder zahlen die Hälfte des Jugendtouristpreises. Der Staat gibt jährlich 1,1 Millionen Mark Subventionen aus seinem Haushalt dazu. «Jugendtourist» vermittelt auch Spezialfahrten wie beispielsweise Klassenfahrten ins sozialistische Ausland, vor allem in die Sowjetunion, oder «Auszeichnungsreisen für jugendliche Bestarbeiter». Diese können sogar nach Kuba gehen und sind erheblich billiger als die Reisen auf diese Insel, die sonst angeboten werden. Trotzdem kosten sie noch über 2000 Mark. Neuerdings organisiert das Reisebüro der FDJ im Rahmen des deutsch-deutschen Jugendaustausches auch Gruppenfahrten in die Bundesrepublik.

Jeder zehnte Jugendliche beginnt seine Reise allerdings ohne festes Ziel und sichere Unterkunft. Ein grosser Teil davon trampt. Innerhalb der DDR gehen diese Reisen meist an die Ostsee – vor allem in den Sommermonaten. Viele versuchen, noch einen Platz auf einem Campingplatz zu bekommen oder ganz einfach im Zelt von Freunden oder Verwandten für ein Wochenende mit unterzuschlüpfen. Doch viele dieser Tramptouren gehen nach Süden – bis ans Ende «ihrer» Welt, und das heisst Bulgarien. Die Sowjetunion lässt solche unkonventionellen Reisenden nicht in ihr Land. Die Maximalumtauschsätze, denen DDR-Bürger in den südosteuropäischen Ländern unterliegen, stören die Jugendlichen nur wenig, denn ihr Budget ist ohnehin gering. Schüler, Lehrlinge und Studenten bekommen nur niedrige Ausbildungsbeihilfen.
Auf den Tramptouren nach Südosten gibt es Haltepunkte, die «Pflicht» sind. Dort treffen sich die Jugendlichen mit anderen, von denen sie Tips für die Weiterfahrt bekommen. Dort erfahren sie, in welchem Park in Budapest sie draussen übernachten können oder wo es dort die besten westlichen Platten zu kaufen gibt, wo man billig essen und wo man in Bulgarien am Strand campen kann. Einer dieser «Umschlagplätze» ist das «U Fleku» in Prag. Dort treffen sich im Sommer im Biergarten die echten und die Ferienaussteiger der DDR. Diejenigen, die so reisen, sind fast alle jünger als zwanzig. Sie versuchen, sich die ihnen zugängliche Welt zu erschliessen. Noch grenzen sie sich damit von den «Spiessern» ab. In einigen Jahren werden sie sich bei der Gewerkschaft um einen Ferienplatz für ihre junge Familie bemühen...

Frauen: Zerrieben zwischen Familie und Beruf

Das Beste an der DDR sind die Frauen. Da sind sich Besucher aus dem Westen einig. Dieser Satz drückt die Bewunderung für das Meistern einer ungewöhnlichen Alltagsbelastung aus, der fast alle Frauen ausgesetzt sind. Denn die meisten sind berufstätig. Und wenn sie nach Hause kommen, beginnt ihre «zweite Schicht». Hausarbeit ist auch in der DDR überwiegend Frauenarbeit.

Für die Frauen in der DDR ist ihre Berufstätigkeit heute eine Selbstverständlichkeit. Dazu werden sie von Kindesbeinen an erzogen. Das Bild der berufstätigen Mutter wird ihnen früh nahegebracht. Im Kindergarten, den fast alle Kinder besuchen, werden Lieder wie dieses gesungen:

> «Mutti kommt von der Arbeit nun
> und nimmt mich mit nach Haus.
> Hat sie dann noch sehr viel zu tun,
> feg ich die Stube aus.
> Kocht Mutti Tee, deck ich schon den Tisch,
> denn helf ich ihr, so freut sie sich,
> hat auch mehr Zeit für mich.»

Sie lernen dabei, dass Familie und Beruf vereinbar sind. Es ist ja für sie auch eine tägliche Erfahrung. Denn sogenannte «Nur-Hausfrauen» gibt es kaum noch.

Zwei Beweggründe sind neben der Erziehung ausschlaggebend für die hohe Zahl berufstätiger Frauen: das Bedürfnis nach Aussenkontakten, die in der Arbeitswelt sehr viel leichter zu knüpfen sind als in der Wohnumwelt, und der Wunsch nach ökonomischer Unabhängigkeit, von der auch der Gesetzgeber ausgeht. Im Falle einer Scheidung gibt es nämlich nur in ganz seltenen Ausnahmefällen einen Unterhaltsanspruch an den geschiedenen Partner. Der Gesetzgeber erwartet, dass jeder für sich selbst sorgen kann. Nur für die Kinder gibt es eine Unterhaltspflicht.

Um die Arbeitskraft der Frau wurde früh geworben in der DDR. Die marxistisch-leninistische Philosophie besagt, dass der Mensch ohne Arbeit nicht denkbar ist. Andererseits litt das Land von Anfang an unter Arbeitskräftemangel. Das Werben hatte deshalb ideologische, zugleich aber auch volkswirtschaftliche Gründe. Rund 90 Prozent der Frauen unterhalb des Rentenalters von 60 Jahren (Männer 65 Jahre) sind in Ausbildung oder Beruf und somit ausser Haus beschäftigt. Mehr als in westlichen Ländern arbeiten sie in technischen Berufen. Traktoren und Gabelstapler werden in der Mehrzahl von Frauen gefahren. Etwa ein Drittel der Ingenieure und über die Hälfte der Ärzte sind weiblich. Doch die Entscheidung für die technischen Berufe, die früher Männerdomänen waren, fällt nicht immer ganz freiwillig. Zwar werden in den Schulen der DDR Mädchen und Jungen gleich erzogen, und am technischen Unterricht nehmen alle genauso teil wie an Nadelarbeit, doch die Eltern haben oft andere Vorstellungen. Sie erziehen ihre Kinder noch immer nach traditionellen Rollenmustern. Und diese Erziehung hat mehr Gewicht als die der Schule, wenn es darum geht, welchen Beruf Mädchen ergreifen wollen. Deshalb wollen die jungen Frauen noch immer am liebsten Krankenschwester, Friseuse, Kindergärtnerin oder Kosmetikerin werden. Die Pädagogen beklagen immer wieder, dass Mädchen auf diese Berufsziele sehr früh fixiert sind und kaum Bereitschaft zeigen, davon abzuweichen.

Jedem Schulabgänger in der DDR ist ein Ausbildungsplatz sicher. Doch der Preis für diese Garantie ist eine rigide Lenkung in Berufe, die volkswirtschaftlich notwendig sind. Wird keine Kosmetikerin gebraucht, dann wird eben keine ausgebildet. Doch Mädchen glauben länger als Jungen, dass sie ihre Traumberufe noch ergreifen können. So müssen sie am Ende häufiger auf die noch freien Lehrstellen «umgelenkt» werden als die Jungen. Das ist bei den Studienplätzen nicht anders. Die Technischen Hochschulen haben in jedem Studienjahr erneut das Problem, genügend Studenten für ihre Studiengänge zu finden. Viele dieser Plätze werden nur nach «Umlenkungsgesprächen» angenommen, also dann, wenn alle anderen Möglichkeiten für die Bewerber erschöpft sind. Auch hier sind die Studentinnen in der Überzahl.

Durch diese Lenkung sind neue Frauenberufe entstanden – nicht nur Gabelstaplerfahrerin oder Traktoristin. Auch in den Ausbildungsgang «Zootechniker/Mechanisator» (Melker) werden überwiegend Mädchen vermittelt. Andere traditionelle Berufsbilder werden nicht aufgebrochen. Das Lehrstellenverzeichnis 1987 für Ost-Berlin, das eine Liste aller angebotenen Ausbildungsplätze enthält und dem zu entnehmen ist, wie viele davon für Mädchen und wie viele für Jungen zur Verfügung stehen, weist keinen Platz als Autoschlosserlehrling für Mädchen aus; für Jungen dagegen gibt es keine Lehrstelle zum «Facharbeiter für Schreibtechnik» – das sind Sekretärinnen.

Die hohe Berufstätigkeit der Frauen hat aber auch einen ökonomischen Grund: Von einem Einkommen allein kann eine Familie zwar leben, aber über den Grundbedarf hinaus kann sie sich dann kaum etwas leisten. Mieten, Grundnahrungsmittel, Energie, öffentliche Verkehrsmittel, Kinderkleidung oder Kinokarten sind extrem billig. Dazu reicht ein Lohn, auch in einer vierköpfigen Familie. Aber alles, was sich eine Familie darüber hinaus leisten will – ein Auto, ein Wochenendgrundstück oder eine Auslandsreise –, kann davon nicht mehr finanziert werden. Schon die tägliche Tasse Kaffee ist dann eigentlich nicht mehr drin, denn ein Kilo der guten Sorte kostet 80 Mark. Auch

DDR-Frauen kleiden sich gerne schick, doch das wird ihnen schwer gemacht. Die billige Kleidung, die es auch zu kaufen gibt, ist weder modisch noch von guter Qualität. Für ein Kleid im «Exquisit» – den teuren staatlichen Boutiquen – müssen sie aber zwischen 400 und 1000 Mark bezahlen. Auch ein einfaches T-Shirt kostet schon rund 100, ein Sweat-Shirt 200 Mark. Viele Frauen nähen deshalb selbst. Westliche Modemagazine sind heiss begehrte Hilfen. Die DDR-Zeitschrift «PRAMO» (Praktische Mode) ist mit ihren Vorschlägen selten auf dem aktuellen westlichen Stand der Mode. Auch die Stoffpreise sind nicht niedrig. Eine einigermassen stilvolle Damenbekleidung kann von nur einem Einkommen in der Familie nicht bestritten werden. Mit dem doppelten Verdienst erarbeiten sich die beiden Ehepartner einen bescheidenen Wohlstand. Die dadurch entstehenden Lasten werden fast ausschliesslich von den Frauen getragen.
Es sind überwiegend die Frauen, die morgens vor Arbeitsbeginn ihre Kinder in die Kinderkrippe oder den Kindergarten bringen. Beide Einrichtungen öffnen bereits um sechs Uhr. Am Abend nach Dienstschluss holen sie die Kleinen wieder ab. Die Betriebe, in denen die Frauen arbeiten, müssen bei der Einteilung der Arbeitszeit auf diese Öffnungszeiten Rücksicht nehmen. Und wenn die Frauen dann nach Hause kommen, beginnt die «zweite Schicht». Auch in den Haushalten, in denen beide Ehepartner berufstätig sind, wird – wie Soziologen ermittelten – 80 Prozent der Hausarbeit noch immer von den Frauen erledigt. Männer verrichten meist die Arbeiten, die als körperlich schwer gelten oder technisches Wissen verlangen, Arbeiten also, die mit herkömmlichem männlichem Rollenverständnis vereinbar sind: Kohlen holen, Getränkeeinkauf, Auto- und Gartenpflege sowie Reparaturen in der Wohnung. Die täglichen Hausarbeiten – Kochen, Abwaschen, Waschen, Bügeln, Wäscheausbessern und Putzen – werden fast ausschliesslich von den Frauen erledigt. Statistisch gesehen verbringen in einem Mehrpersonenhaushalt die Männer sechs Stunden und die Frauen 37 Stunden wöchentlich mit Hausarbeit, die wenigen «Nur-Hausfrauen» noch mehr. Für eine vollberufstätige Mutter ergibt sich eine Wochenarbeitszeit von 85 Stunden und mehr, wenn man Berufsarbeitszeit, die Wegezeiten zum Arbeitsplatz und die Hausarbeit zusammenrechnet.
Arbeitserleichternde Haushaltsgeräte sind teuer und manche nur schwer oder gar nicht erhältlich. Fast jeder Haushalt hat heute einen Kühlschrank und einen Staubsauger. Auch in fast jedem Haushalt steht eine Waschmaschine, doch nur ein Drittel davon sind sogenannte Waschvollautomaten. Bei fast allen DDR-Geräten ist eine zusätzliche Schleuder und somit auch ein zusätzlicher Arbeitsgang notwendig. Spülmaschinen werden im Handel überhaupt nicht angeboten, Tiefkühltruhen oder -schränke sind nur nach einer etwa einjährigen Wartezeit zu haben. Und die Preise für all diese Geräte sind hoch in der DDR – wie bei allen technischen Geräten. Interessant ist hier weniger der Vergleich der Preise, sondern der investierten Arbeitszeit. Auf der Rechen-

basis der Durchschnittslöhne muss man in der Bundesrepublik für einen Waschvollautomaten 66 und in der DDR 528 Stunden arbeiten, für einen Kühlschrank in der Bundesrepublik 40 und in der DDR 293 Stunden.

In den jüngeren Familien ändert sich das Rollenverhalten langsam. Doch noch immer werden die Kinder entsprechend der überkommenen Rollenverteilung zur Mithilfe im Haushalt herangezogen. Die Mädchen übernehmen die «Frauenarbeit», die Jungen heizen, holen Kohlen oder Kartoffeln. Die Folge: Frauen haben weniger Freizeit als die Männer.

Die Gesetzgebung sanktioniert diesen Zustand. In der DDR gibt es eine Reihe vorbildlicher Gesetze, die Frauen mit Familie das Verbleiben im Beruf ermöglichen. Bei der Geburt des ersten und zweiten Kindes steht jeder Frau ein sogenanntes «Babyjahr» zu. Nach Ablauf des Mutterschutzurlaubs von insgesamt 26 Wochen (davon 20 Wochen nach der Entbindung) haben alle berufstätigen Mütter Anspruch auf eine finanzielle Unterstützung von drei Viertel des letzten Nettolohns für den Rest des Jahres. Ihr Arbeitsplatz bleibt ihnen erhalten. Bei der Geburt des dritten und jedes weiteren Kindes verlängert sich dieses «Babyjahr» auf eineinhalb Jahre. Danach stehen für fast alle Kinder staatliche Krippenplätze zur Verfügung. Vom dritten Lebensjahr bis zum Schulbeginn kann jedes Kind, das will, in einem Kindergarten untergebracht werden.

Mütter von zwei und mehr Kindern arbeiten nur 40 statt 43¾ Wochenstunden bei vollem Lohn, und monatlich steht jeder verheirateten Frau und jeder alleinstehenden Frau ab vierzig ein bezahlter Hausarbeitstag zu. Alleinstehenden Männern wird dies alles nur auf Antrag und nach Ermessen des Betriebsleiters gewährt. Das «Babyjahr» kann theoretisch auch von Männern in Anspruch genommen werden, wenn die Frau es aus beruflichen Gründen nicht wahrnehmen kann. Doch in der Praxis wird es eher der Grossmutter als dem Vater des Kindes gewährt. Das Arbeitsgesetzbuch gestattet nur Frauen, aus familiären Gründen die Berufstätigkeit zu unterbrechen.

Ein Viertel bis ein Drittel (die Angaben darüber schwanken) der berufstätigen Frauen arbeiten «verkürzt» – wie das in der DDR heisst. Das ist aber selten eine Halbtagsbeschäftigung, sondern bedeutet im Durchschnitt drei Viertel der Normalarbeitszeit von 43¾ Stunden. Dann entfällt allerdings der Anspruch auf den «Haushaltstag». Die gewonnene Zeit kommt aber fast nur der Familie zugute, denn in diesen Fällen verrichten die Frauen fast ausschliesslich alleine die Hausarbeit. Die ganze Familie verlässt sich darauf: «Mutti hat ja mehr Zeit dafür.»

Auch der Staat belobigt die Frauen für diese Belastung und festigt gleichzeitig damit die vorhandene Arbeitsverteilung. Auf Spruchbändern an Fabriktoren ist zu lesen: «Dank und Anerkennung unseren Frauen und Müttern für ihre geleistete Arbeit in Familie, Haushalt und Beruf.» Viele Frauen wünschen sich ein vergleichbares öffentliches Lob auch einmal für die Männer, damit die, die tatsächlich mitanpacken, nicht von ihren Kollegen und Freunden belächelt werden. Denn das Bild der «neuen Frau», die alles packt, ist immer wieder seit Bestehen der DDR propagiert worden. Auch die staatlichen Medien unterstützen die Überbelastung der Frauen, indem sie diese als besonders vorbildlich herausstellen. Ein verändertes Männerideal wurde dagegen öffentlich nie gezeichnet.

Am 8. März wird in der DDR, wie in allen sozialistischen Ländern, der Internationale Frauentag begangen. Zu diesem Ehrentag erscheinen in allen Zeitungen Portraits oder Selbstportraits von Frauen. Dann kann man Sätze wie diese lesen: «Wenn ich zur Nachtschicht gegangen bin, war mein Haushalt tipptopp, morgens hab' ich die Kinder in den Kindergarten bzw. in die Schule geschickt und dann geschlafen. Nachmittags war ich wieder für die Familie da», hiess es in der Magdeburger Zeitung «Volksstimme». In der Erfurter Tageszeitung «Das Volk» kam eine andere Frau zu Wort: «Letztlich bist du doch für alles verantwortlich, bist doppelt belastet. Das muss auch so sein, glaube ich, eben weil du Frau bist.» Doch die doppelte Belastung von Beruf und Haushalt bringt den Frauen nicht nur weniger Freizeit, sondern sie verzichten auch oft auf eine eigene Karriere im Beruf. In der DDR wird früh geheiratet. Auch die Kinder kommen früh. Gibt es kleine Kinder im Haus, muss meist einer auf das berufliche Fortkommen verzichten. Das ist auch in der DDR überwiegend die Frau. Und in der DDR werden auch sehr viele Ehen wieder geschieden. Neben Ungarn hat die DDR die höchste Scheidungsrate der Welt. Die Scheidung wird in den überwiegenden Fällen von den Frauen eingereicht. Das Sorgerecht für die Kinder wird fast immer den Müttern zugesprochen. Die vielen Frauen, die erst einmal auf eine berufliche Qualifizierung verzichteten, um dem Mann «den Rücken frei zu halten» und nun um die dreissig alleine mit einem oder zwei Kindern stehen, haben dann wieder keine Zeit, sich beruflich fortzubilden.

In den Betrieben gibt es besondere Frauenförderungspläne, die von Betrieb und Gewerkschaft festgelegt werden. Danach sollen besonders Frauen mit Kindern beruflich gefördert und innerbetrieblich oder im Fernstudium weitergebildet werden. Dass diese Fördermassnahmen ergriffen werden müssen, zeigt, dass noch viel im argen liegt.

Im Beruf selbst sind die Frauen zwar gut vertreten und stellen etwa die Hälfte der Werktätigen. Doch in den leitenden Positionen der Betriebe sind sie noch selten zu finden. Selbst in den Bereichen, in denen überwiegend Frauen beschäftigt sind, werden die leitenden Positionen meist von Männern eingenommen. Ein Beispiel dafür ist der Bereich Volksbildung, zu dem alle Kindergärten und Schulen gehören. 80 Prozent der in der Volksbildung Beschäftigten sind Frauen, doch es gibt noch immer mehr Direktoren als Direktorinnen – selbst wenn sonst nur noch ein oder zwei Männer an der betreffenden Schule unterrichten. Nicht anders sieht es in der Politik aus.

Auf den unteren Ebenen und dort, wo nicht wirklich entschieden wird, sind Frauen gut vertreten. Etwa ein Viertel aller Bürgermeister in der DDR sind

Frauen. In den Gemeindevertretungen, den Kreis- und Bezirkstagen und in der Volkskammer sind etwa ein Drittel der Abgeordneten weiblich, aber in keinem Parlamentsausschuss führt eine Frau den Vorsitz. Auf dieser Ebene wird allerdings nur zugestimmt, nicht wirklich abgestimmt. An den Schaltstellen der Staatsführung oder der SED, wo die Entscheidungen fallen, sind Frauen rar. 44 Minister und Staatssekretäre gibt es in der DDR. Darunter ist nur eine Frau – Margot Honecker, die Ehefrau des Staats- und Parteichefs. Sie leitet das Ressort Volksbildung. Hilde Benjamin hatte als Justizministerin in den fünfziger Jahren einmal ein «frauenuntypisches» Ressort inne.

Dem Politbüro der SED – dem Machtzentrum der DDR – gehören Vollmitglieder und Kandidaten an. Unter den Kandidaten sind seit Jahren zwei Frauen: seit 1973 Ingeburg Lange, zuständig für Frauenpolitik, und schon seit 1963 Margarete Müller, eine Agrarexpertin. Immer wieder sind Männer an ihnen vorbei zu Vollmitgliedern aufgestiegen. Nur sie sind stimmberechtigt. Im engsten Kreis der Macht hat es in der Geschichte der DDR nie eine Frau gegeben.

An mangelnden Bildungschancen für Frauen in höheren Positionen kann es nicht liegen. Denn seit Bestehen der DDR sind immer ebenso viele Mädchen wie Jungen zur Erweiterten Oberschule – der Abiturstufe – und auch zum Studium zugelassen worden. Die Chancenungleichheit setzt also erst so richtig im Berufsleben ein. Die DDR-Gesellschaft ist noch immer männlich dominiert. Daran haben auch die vielen berufstätigen Frauen bis heute nichts Wesentliches verändert. Wieviel Zeit sollte ihnen auch bei einer derartigen Belastung bleiben, über ihre Rolle nachzudenken? Auch die DDR-Sprache ist männlich. Alle Berufs- und Funktionsbezeichnungen sind männlich. Frau Honecker ist selbstverständlich «Minister» für Volksbildung. Erich Honecker sagte auf dem IX. SED-Parteitag 1986 den denkwürdigen Satz: «Mitglied unserer Partei zu sein, ... heisst für jeden für uns, ein Sohn des Volkes zu sein und zu bleiben.» Die Sekretärin heisst im gestelzten Amtsdeutsch «Facharbeiter für Schreibtechnik», obwohl es keinen Mann in diesem Beruf gibt. Und wenn ein Mann im Kreisssaal dabei sein will, wenn seine Frau ein Kind zur Welt bringt, dann heisst das in der DDR: «Vatergeburt».

Gerade der letzte Bereich ist ein Beispiel dafür, wie sehr man in der DDR noch an alten Klischees hängt. In kaum einem Krankenhaus der DDR ist es möglich, dass Väter bei der Geburt ihres Kindes dabei sind. Selbst jüngere, sonst aufgeschlossene Mediziner argumentieren damit, dass die Schwestern mehr damit beschäftigt seien, «umkippende» Väter zu versorgen als die werdenden Mütter. Jedes sonst gezeigte männliche Gehabe verschwindet plötzlich hinter unhaltbaren Theorien. Doch diese männliche Rolle kommt ins Wanken. Die Initiative geht von den Frauen aus: In einem Leserbrief an die (Ost-)«Berliner Zeitung» beschreibt ein Mann seine Situation. Er sei mit einer «klugen, berufstätigen Frau» verheiratet, sie hätten zwei Kinder und seien daher wohl «eine ganz normale Familie». Doch in letzter Zeit reagiere sie oft gereizt, wenn er beim Einkauf oder im Umgang mit den Kindern etwas falsch mache. Er habe das Gefühl, seine Frau sei «ihm in den letzten Jahren etwas entglitten». Natürlich sei er für die Gleichberechtigung, auch wenn sich das in der Jugend, in der Theorie etwas anders darstelle als nachher in der Ehe. Doch er wünsche sie sich «etwas anschmiegsamer» und sie solle sich seiner «Neigung, sie vor den Unbilden des Lebens beschützen zu wollen, weniger entziehen». Und er schliesst: «Sie sehen, ich bin ein irritierter Mann.»

Doch in den meisten Familien bestimmen noch immer die Männer das Familienleben. Die Ost-Berliner Ethnologin Irene Runge hat Selbstportraits von DDR-Familien zusammengestellt. Das Leben von Familie H. ist typisch. Frau H., Mitte dreissig, erzählt: «Wir gehen mit der Brigade weg, dreimal im Jahr, meistens gute Karten. Von meinem Mann die Brigade, die treffen sich auch untereinander, das nennen sie ‹Herrenabende›, da haben sie ein Lokal, wo sie Plätze bestellen, gut essen, reden und trinken. Ich bin in einem gemischten Kollektiv. Wir gehen immer meistens mit Angehörigen, machen Fasching und gehen auch mal tanzen. Die Männer haben's ja nicht so gerne, wenn wir mit der Brigade alleine weggehen, aber manchmal muss das auch sein... Meistens gehen wir gegen zehn ins Bett: Ausser an Freitagen, da treffen wir uns reihum mit unserer Freundschaft. Da gibt's zu essen und zu trinken, die Männer spielen Skat, und wir quatschen.»

Das Beispiel von Frau H. zeigt, wie sehr sich auch in jüngeren Familien trotz formaler Gleichberechtigung im Alltag die althergebrachten Rollenverhalten und -normen gehalten haben und akzeptiert werden. Sie ist überwiegend für den Haushalt und für die Kinder verantwortlich. Natürlich ist sie berufstätig. Wenn sie sich mit Freunden treffen, spielen die Männer Skat und die Frauen sitzen dabei und unterhalten sich. Ihr Mann mag es nicht, wenn sie alleine mit Kollegen weggeht, nimmt sich dieses Recht aber ganz selbstverständlich.

Der «Demokratische Frauenbund» (DFD), die Massenorganisation der Frauen in der DDR, hat dem nie entgegengewirkt, obwohl er für sich in Anspruch nimmt, die Interessen der Frauen zu vertreten. Doch die Interessen des DFD waren immer staatliche. Als er 1947 gegründet wurde, sollte er Frauen dazu bewegen, politisch und gesellschaftlich aktiv zu werden. Doch gesellschaftlich aktiv zu sein, hiess in der DDR immer auch, berufstätig zu sein. Die Hauptaufgabe des Verbandes war es, Hausfrauen für den Arbeitsprozess zu gewinnen. Etwa ein Fünftel aller Frauen über 18 Jahren sind heute im DFD organisiert. Die jungen Frauen scheinen in der Organisation kaum aktiv zu sein. Nur ältere Frauen sieht man an den Ständen des DFD auf Volksfesten und Solidaritätsbasaren. Dann verkaufen sie Selbstgehäkeltes, gebrauchte Kinderbücher oder Broschüren über die Grundausstattung des jungen Haushalts. Die Selbstdarstellung des DFD entspricht dem traditionellen Rollenklischee bei gleichzeitiger Berufstätigkeit der Frau.

Der Verband unterhält in allen Bezirks- und Kreisstädten und in allen Ostberliner Stadtbezirken Beratungszentren. Sie bieten Koch-, Näh- und Baby-Wik-

kelkurse, und sie erklären den Frauen die Handhabung technischer Haushaltsgeräte. Veranstaltungen wie diese stehen ständig auf dem Programm: «Rezepte für die Getränke-Bar zur Silvesterfeier», «Ein Schnittmusterbogen muss kein Irrgarten sein», «Kuchen ohne Rühren – praktisch aus der Tiefkühltruhe» oder «Schlank wie eine Tanne». Zu den Veranstaltungen geht kaum jemand hin. Wer zu Hause schon so viel mit Hausarbeit zu tun hat, will nicht auch noch in seiner knappen Freizeit davon hören. Die für die Frauen wirklich interessanten Themen bieten weder die Beratungszentren noch die Frauen-Akademien des DFD, die politisch bilden sollen. Auch die vom Verband herausgegebene Frauenzeitschrift «Für Dich» ist da nicht besser. Neben Tips zur Kindererziehung und zur Mode, gibt es in ihr Portraits herausragender Frauenpersönlichkeiten der Geschichte und Berichte über Frauen, die sich begeistert dafür aussprechen, dass ihr Betrieb nun vom Zweischicht- auf Dreischichtsystem umstellt, ihnen also jetzt auch noch die Nachtarbeit bringt. Das ist eine Unterstützung der wirtschaftspolitischen Kampagne der SED.
Auch in der DDR fragen sich die Frauen zunehmend, warum die sogenannten familienpolitischen Massnahmen nur von ihnen in Anspruch genommen werden können, warum sie so selten in wirtschaftlichen und politischen Spitzenpositionen zu finden sind und warum sie noch immer überwiegend in den schlechter bezahlten Berufen arbeiten. Denn gleicher Lohn für gleiche Arbeit – in der DDR seit ihrem Bestehen ein verwirklichter Grundsatz – heisst noch lange nicht gleiches Einkommen. In der Textilindustrie, auf der unteren und mittleren Ebene der Bereiche Volksbildung und Gesundheitswesen – beispielsweise im Beruf der Kindergärtnerin oder Krankenschwester – und in anderen Bereichen, in denen überwiegend Frauen arbeiten, wird weit unter dem Durchschnitt bezahlt. Ein Mann würde für die gleiche Arbeit das gleiche Gehalt bekommen, doch kaum einer nimmt eine solche schlecht bezahlte Arbeit an.
Doch solche gesellschaftskritischen Diskussionen werden weder vom DFD noch von anderen staatlichen Institutionen geführt. Im Gegenteil: Der DFD führt eine heile Welt vor, die nicht mehr zeitgemäss ist, und stabilisiert das traditionelle Rollenverständnis und die Doppelbelastung der Frauen in Beruf und Familie.

Kinderkrippe und Kindergarten: Plätze für alle – Erziehung nach Plan

An den Werktagen bietet sich überall in der DDR das gleiche Bild: Morgens zwischen sechs und sieben Uhr verlassen die Mütter – nur ganz selten sind es Väter – das Haus mit einem unausgeschlafenen Kind im Kinderwagen oder an der Hand. Vor Arbeitsbeginn müssen die Kleinsten noch in die Kinderkrippe oder den Kindergarten gebracht werden. Denn fast alle Mütter sind berufstätig.

Seit 1986 haben alle berufstätigen Mütter sogar bei der Geburt des ersten Kindes Anspruch auf ein «Babyjahr», in dem sie bezahlt von der Arbeit freigestellt werden. Als das «Babyjahr» 1977 eingeführt wurde, galt die Freistellung erst von der Geburt des zweiten Kindes an. Lediglich, wenn kein Krippenplatz gefunden werden konnte oder das Kind häufig krank und deshalb «krippenunfähig» war, konnten die Mütter schon beim ersten Kind die bezahlte Arbeitsbefreiung beanspruchen. Nicht wenige Mütter haben Bescheinigungen über die «Krippenunfähigkeit» bei ihnen bekannten Ärzten erschwindelt, um die Kinder nicht allzufrüh für so lange Stunden aus der familiären Obhut zu geben, denn es gibt verbreitete Vorbehalte gegen die staatliche Betreuung in diesem Alter. Unbezahlt konnten die Mütter allerdings schon immer die Berufstätigkeit aus familiären Gründen unterbrechen.

Die häufigen Erkrankungen sind tatsächlich ein Problem in den Kinderkrippen, in denen die unter Dreijährigen untergebracht werden. Ständig kommen die Kleinsten mit Erkältungen nach Hause, besonders im ersten Jahr. Dann muss sich einer der beiden Eltern «aufs Kind krankschreiben» lassen. Weil damit eine Lohneinbusse verbunden ist, bleibt fast immer die Frau zu Hause, denn meistens verdient sie weniger als ihr Mann. Volkswirtschaftlich sinnvoll war das nicht. Auf der einen Seite hatten die Mütter zwar ihren Arbeitsplatz, aber sie füllten ihn nicht kontinuierlich aus. Auf der anderen Seite fehlten noch immer Krippenplätze. Lediglich 60 Prozent der bis zu Dreijährigen konnten in den Kinderkrippen untergebracht werden. Die Neuregelung von 1986, dass alle Mütter schon bei der Geburt des ersten Kindes Anspruch auf das «Babyjahr» haben, ist dagegen ökonomischer. Von den Babies des ersten Jahrgangs wird nun fast keins mehr in der Krippe untergebracht. Ohne weiteren Raumbedarf und ohne weiteres Personal finden folglich mehr Kinder des zweiten und dritten Jahrgangs Plätze. Und die Eltern sind beruhigter, wenn sie die Kleinen erst nach dem ersten Geburtstag täglich ausser Haus geben.

Den Krippenerzieherinnen trauen die meisten Eltern zu, ihre Kinder bestens zu versorgen. Denn die Fachausbildung ist anerkannt gut. Eine Erzieherin ist

allerdings für bis zu zehn Kinder verantwortlich. Da bleibt für das einzelne wenig Zeit. Krippenkinder haben deshalb einen deutlichen Rückstand in der Sprachentwicklung gegenüber Kindern, die in der Familie aufwachsen.
In den sechziger Jahren wurde die Zahl der Wochenkrippen erweitert, inzwischen aber wieder reduziert. Dorthin werden die Kinder am Montagmorgen gebracht und am Freitagabend abgeholt. Pädagogisch hat das nichts gebracht. Die Wochenkrippenkinder haben im Vergleich zu «Familienkindern» noch grössere Entwicklungsrückstände als die aus den Tageseinrichtungen. Doch Eltern, die in Wechselschicht arbeiten, bleibt kaum eine andere Wahl. Grosseltern, die auf die Kinder aufpassen könnten, gibt es kaum. Sie sind ja meistens selbst berufstätig.
Die Frauenzeitschrift «Für Dich» beschrieb einen neuen Erziehungsplan für die Kinderkrippen, der ab 1987, nach einer zweijährigen Testphase, in der ganzen DDR eingeführt wurde. In einer Eingewöhnungszeit von sechs Wochen werden die Krippenneulinge stundenweise im Beisein eines Elternteils betreut, um sie so vorsichtig an die neue Umgebung zu gewöhnen. Mütter hätten immer wieder daran gezweifelt, ob der Krippenaufenthalt für ihre Jüngsten wirklich geeignet sei, hiess es in «Für Dich», weil sie feststellten, dass sich die Kleinkinder mit heftigem Weinen, Schlaf- und Appetitlosigkeit oder Erkrankungen gegen diese Lebensumstellung wehrten. Jetzt könnten die Mütter «beruhigt zur Arbeit gehen». Aber an grundsätzlichen Positionen wird nicht gerüttelt. «Es gibt für uns keinen Grund, an der Richtigkeit kollektiver Erziehung als optimale Ergänzung der familiären zu zweifeln.»
Den Kindergarten halten alle Eltern für notwendig und sinnvoll. Die Kinder zwischen drei und sechs Jahren sind in einem Alter, in dem man sie beruhigt fremden Menschen anvertrauen kann. Was den Eltern an der Kindergartenerziehung missfällt, glauben sie zu Hause «ausbügeln» zu können, denn im Kindergarten beginnt bereits die politische Erziehung der Kleinen.
Kindergartenplätze gibt es ausreichend. 92 Prozent der Drei- bis Sechsjährigen besuchen Kindergärten. Die DDR ist nach eigenen Angaben das einzige Land der Erde, in dem alle Eltern, die es wollen, ihr Kind in einen Kindergarten schicken können.
In den Anfangsjahren des Staates wurden die Villen enteigneter Guts- und Fabrikbesitzer oder die Häuser von Menschen, die in den Westen geflüchtet waren, zu Kindergärten umgebaut. Heute sind sie überwiegend Zweckbauten gewichen. Schon bei der Planung eines Neubaugebietes wird für genügend Kinderkrippen- und Kindergartenplätze sowie für eine Schule gesorgt. Die Trabantenstädte werden nach einem festen Muster, das sich «komplexer Wohnungsbau» nennt, gebaut. Im Innenbereich eines solchen für etwa zehntausend Menschen angelegten Wohnviertels befinden sich zwischen den Blökken die Kinderkrippen und Kindergärten und – je nach Bedarf – eine oder zwei Schulen, dazu eine Kaufhalle, die Post, ein Zeitungskiosk, eine Bücherei, eine Reinigung und die «Klubgaststätte». Parkplätze für die Bewohner sind

am Rand vorgesehen. Innerhalb des Viertels dürfen Autos nur zum Ein- und Ausladen halten. Nur behinderte Bewohner dürfen mit Sondergenehmigung parken. So müssen die Schulkinder in den Neubaugebieten fast nie verkehrsreiche Strassen überqueren, auch Kinderkrippe und Kindergarten sind normalerweise in unmittelbarer Nähe des Wohnhauses.
Ein detaillierter Erziehungsplan für den Kindergarten schreibt vor, was die Kinder lernen müssen. Sie sind in die Gruppen der Drei- bis Vierjährigen, der Vier- bis Fünfjährigen und der Fünf- bis Sechsjährigen eingeteilt. Während des Spiels sollen ihnen schon einige Kenntnisse vermittelt werden. Am Ende der Kindergartenzeit können sie einfache Rechenaufgaben lösen. Auch erstes politisches Grundwissen wird ihnen beigebracht. Bereits in der mittleren Gruppe sollen die Kinder Erich Honecker auf einem Foto erkennen und müssen wissen, wie die Staatsfahne aussieht. Die Vorschulzeitschrift «Bummi» unterstützt diese Erziehung im Elternhaus. Im April 1987 war dort folgendes zu lesen: «Die Eltern sagen manchmal, wir arbeiten gut in unserer Republik – und darum wird der Frieden stärker. Wenn Du im Fernsehen unseren Staatsratsvorsitzenden Erich Honecker siehst, wird Dir Vati erklären: Sieh mal, er steigt eben aus dem Flugzeug, hat mit anderen Staatsmännern gesprochen, wie man den Frieden fester macht. Oder er zeigt Gästen aus anderen Ländern unsere Heimat und was die Eltern alles so gut arbeiten.
Könnten wir ganz Kleinen auch schon den Frieden fester machen? Wir müssen essen und schlafen und wachsen und lernen und spielen und wieder schlafen. Aber – Mutti und Vati, die könnten wir trotzdem unterstützen! Wie? ...Durch so was Kleines wie: Mal nicht so laut poltern am Abend! Mal auf das erste Wort gleich hören! Mal Vati zudecken, wenn er sich hingelegt hat, weil er müde ist! Mal Mutti streicheln, wenn sie noch arbeitet am Abend! Was ganz kleines Liebes tun, damit Mutti und Vati mehr Kraft für die Arbeit schöpfen können, das wäre eine Aufgabe...
Einer soll staunen, wie wir Jüngsten schon unsere Eltern unterstützen: unser Staatsratsvorsitzender, Genosse Erich Honecker!»
In die Vorbereitung sozialistischer Feiertage werden die Kinder miteinbezogen. Zum Staatsfeiertag am 7. Oktober lernen sie das Lied: «Geburtstag hat heut unser Staat»; zum 8. März, dem Internationalen Frauentag, studieren sie Lieder ein und basteln Geschenke für die Mütter und das Personal des Kindergartens. Zum 1. Mai wie zu den anderen Feiertagen werden Fähnchen gebastelt. Wenn alte Leute im Ort oder im Wohngebiet Geburtstag haben, sollen die Kleinen Ständchen bringen. Und auch wenn die «Patenbrigade» feiert, sind sie mit einem kleinen Beitrag dabei. Eine Patenbrigade hat in der DDR jede Kindergartengruppe und jede Schulklasse. Das sind Brigaden aus Betrieben des Heimatortes, die die Patenschaft über eine Kindergruppe übernommen haben. Die Kinder sollen von klein auf einen Bezug zur Arbeitswelt bekommen und dabei erfahren, dass Arbeit wichtig und notwendig ist. Ausser den Besuchen bei der Patenbrigade stehen Kontakte mit anderen Werktätigen

auf dem Erziehungsplan: Besuche in einer Kaufhalle und einer Polizeidienststelle oder auf der Post gehören dazu. Aber auch Kontakte mit Soldaten der Nationalen Volksarmee oder der Grenztruppe der DDR stehen unter der Rubrik «Von den Menschen, die unsere Heimat schützen» im staatlichen Erziehungsplan für die Vorschulkinder. Ein Vater, der Offizier ist, oder ein älterer Bruder, der gerade Wehrdienst leistet, soll die Kinder besuchen. Die vormilitärische Erziehung setzt in der DDR im Vorschulalter ein. Kriegsspielzeug in Form von Spielzeugsoldaten oder -panzern und Manöverspiele gehören in die Grundausstattung jedes staatlichen Kindergartens. «Patriotisches Spielzeug» heisst das in der DDR. Jeder Spielwarenladen hat solche Spielsachen ausreichend im Angebot. Den Kindern soll frühzeitig beigebracht werden, dass es eine ehrenvolle Pflicht sei, die Heimat auch mit der Waffe zu verteidigen.

Seit diese militärische Früherziehung gegen Ende der siebziger Jahre zunahm, ist Kritik daran laut geworden. Nicht nur die evangelische Kirche meldete sich – sogar öffentlich – zu Wort, sondern auch viele Eltern erhoben Einspruch. Sie hatten keinen Erfolg. Alternativen zur staatlichen Vorschulerziehung gibt es kaum. Die evangelische und die katholische Kirche konnten nach dem Zweiten Weltkrieg auch auf dem Territorium der SBZ und später in der DDR ihre sozialen Einrichtungen weiterführen. Dazu gehören Kindergärten und Krankenhäuser sowie Pflegeheime für Alte und Behinderte. Neueröffnungen wurden allerdings nicht mehr genehmigt. So ist das Netz an konfessionellen Kindergärten nicht besonders dicht. In den grösseren Städten sind sie zu finden, auf dem Land fast nie. Der Zulauf ist allerdings stark und hat sich noch vergrössert, seit die Wehrerziehung in den staatlichen Einrichtungen verstärkt wurde. «Patriotisches Spielzeug» ist nämlich hier nicht vorhanden; die Vorbereitung auf sozialistische Gedenk- und Feiertage wird auf ein Mindestmass beschränkt. Die einzige Auflage, die der Staat den konfessionellen Kindergärten heute macht: Sie müssen die Kinder zur Schulreife führen.

Private Elterninitiativen gibt es in der DDR so gut wie gar nicht. «Kinderläden», die vereinzelt im Ost-Berliner Stadtteil Prenzlauer Berg aufgemacht wurden, duldet der Staat nicht. Denn mit solchen Privatinitiativen, so fürchten die Behörden, könnte unterlaufen werden, was der Staat in den Kindergärten versucht: die planmässige Heranbildung «sozialistischer Persönlichkeiten» nach den Vorstellungen der SED.

«Lernen für den Sozialismus» – Von der Schulbank zur Werkbank

Als der Faschismus zerschlagen war, musste auch ein neues Erziehungssystem geschaffen werden. Die mitteldeutschen Bildungspolitiker der ersten Stunde wünschten sich eine Einheitsschule als verbindliche Schulform für alle. Ihre wichtigste Forderung: Die neue Schule sollte antifaschistisch sein. Doch die Ideen waren nur mühsam in die Tat umzusetzen. Es fehlte an allem. Die meisten Schulgebäude waren zerstört. Die vorhandenen Schulbücher hatten stark nationalsozialistisch geprägte Inhalte. Und fast alle Lehrer, die nach Kriegsende noch in der Sowjetischen Besatzungszone (SBZ) wohnten, waren Mitglieder oder Anhänger der NSDAP oder anderer faschistischer Organisationen gewesen.

Als 1946 die Schulreform verkündet wurde, standen einige Grundzüge des später fortentwickelten Schulsystems schon fest: In dieser Schule hatte die Kirche keinen Einfluss mehr; Grundschule und Berufsausbildung waren unentgeltlich. Allerdings kam zunächst nur eine achtklassige Einheitsschule zustande. Eine längere Schulzeit liess die materielle und finanzielle Lage noch nicht zu. Kinder aus Arbeiter- und Bauernfamilien wurden besonders gefördert und bevorzugt zur Abiturstufe zugelassen. Diese neugestaltete Schule brach völlig mit der deutschen Bildungstradition.

Schon zu Beginn der fünfziger Jahre zeichnete sich die künftige Entwicklung ab, die schrittweise verwirklicht wurde: hin zur zehnklassigen Polytechnischen Oberschule. Nach Auffassung der SED wurde die achtklassige Schule den Anforderungen der wachsenden Industrialisierung des Landes nicht mehr gerecht. Sie forderte eine zehnklassige Mittelschule, in der die Schüler vor allem auf das Ingenieurstudium vorbereitet werden sollten, und sie forderte die Einführung des polytechnischen Unterrichts, um die Verbindung von Theorie und Praxis herzustellen. Die Vorgaben zu den jeweiligen Entwicklungsschritten kamen immer aus dem Politbüro des ZK der SED. Die Praktiker in den Schulverwaltungen sahen sich indessen nicht in der Lage, die gewünschten Reformen in dem Tempo auszuführen, das die Partei von ihnen verlangte. Auf den Parteitagen der SED wurde der schleppende Fortgang der Entwicklung beklagt. Erst Ende der fünfziger Jahre waren alle Schritte vollzogen.

In dem Bildungsgesetz, das 1965 in Kraft trat, ist die neue Form des Schulsystems festgeschrieben. Danach wurden nur noch geringfügige Korrekturen angebracht. Seitdem gehen alle Schüler der DDR in eine zehnklassige Einheitsschule. Die Schulzeit endet mit einer Abschlussprüfung. Nur die Besten

haben eine Chance, eine erweiterte Oberschule zu besuchen und dort Abitur zu machen. Die meisten beginnen eine Berufsausbildung.
Das prägende Merkmal der DDR-Schule ist die polytechnische Bildung – also die Verbindung von Theorie und Praxis. Mit ihr soll eines der obersten Erziehungsziele, die schon in der Präambel erwähnte «Liebe zur Arbeit», erreicht werden. Der polytechnische Unterricht setzt bereits in den ersten Klassen ein. Die Schüler der Unterstufe (erste bis vierte Klasse) beginnen mit Werkunterricht und Unterricht im Schulgarten. Die Kinder sollen lernen, welche Arbeit darin steckt, ein Stück Land zu bebauen, sollen den Ertrag schätzen lernen. Im Frühjahr säen und pflanzen sie, dann betreuen sie «ihr» Stück Schulgarten. Auf den Beeten wachsen überwiegend Erdbeeren, Kopfsalat, Radieschen oder Blumen – Pflanzen, die bis Ende Juni erntereif sind. Denn im Juli und August sind in der DDR Sommerferien.
Der Werkunterricht ist keine Bastelstunde. Die Schüler lernen mit Werkstoffen umzugehen, lernen ihre Beschaffenheit und Verwertbarkeit kennen. In der vierten Klasse stellen sie dann Unterrichtsmaterialien für Schulanfänger und Spielzeug für Kindergärten her.
Die polytechnische Erziehung setzt aber erst so richtig in den höheren Klassen ein. Von der siebten bis zur zehnten Klasse gehört ein ganzer Unterrichtstag in der Woche diesem Erziehungsziel. Alle zwei Wochen gehen die Schüler der siebten und achten Klassen in ein «polytechnisches Kabinett» – eine Art Lehrwerkstatt. Dort lernen sie Grundfertigkeiten der industriellen Produktion, beispielsweise Drehen, Fräsen und Feilen. In der neunten und zehnten Klasse arbeiten sie dann alle zwei Wochen in der Produktion, in besonders dafür ausgewählten Betrieben. Was sie dort herstellen, ist Teil des Produktionsplanes des jeweiligen Betriebs. Ihre Schnelligkeit und die Qualität ihrer Erzeugnisse werden benotet. Viele lernen auf diese Weise ihren zukünftigen Ausbildungsbetrieb kennen. Denn es ist Aufgabe der Betriebe, in denen die polytechnische Ausbildung stattfindet, meist sind es die Patenbetriebe, an der Berufsberatung mitzuwirken und dabei auch gleich den Lehrlingsnachwuchs zu finden. In den Wochen, in denen nicht praktisch gearbeitet wird, stehen theoretische Fächer auf dem Stundenplan. Ausserdem lernen alle Schüler Grundzüge des Technischen Zeichnens. Die vierjährige polytechnische Ausbildung mit ihrem Schwerpunkt in der «Produktiven Arbeit» – so ist der Name des Faches – schafft für die Schüler einen bruchlosen Übergang in die Arbeitswelt.
Die zentrale Aufgabe der Erziehung in der Schule ist die Heranbildung «sozialistischer Persönlichkeiten». Welche Eigenschaften dieser «neue Mensch» haben soll, ist sogar in einem Gesetz festgeschrieben. Im Jugendgesetz heisst es: «Aufgabe jedes jungen Bürgers ist es, auf sozialistische Art zu arbeiten, zu lernen und zu leben, selbstlos und beharrlich zum Wohle seines sozialistischen Vaterlandes – der Deutschen Demokratischen Republik – zu handeln, den Freundschaftsbund mit der Sowjetunion und den andern sozialistischen Bru-

derländern zu stärken und für die allseitige Zusammenarbeit der sozialistischen Staatengemeinschaft zu wirken. Es ist die ehrenvolle Pflicht der Jugend, die revolutionären Traditionen der Arbeiterklasse und die Errungenschaften des Sozialismus zu achten und zu verteidigen, sich für Frieden und Völkerfreundschaft einzusetzen und antiimperialistische Solidarität zu üben. Alle jungen Menschen sollen sich durch sozialistische Arbeitseinstellung und solides Wissen und Können auszeichnen, hohe moralische und kulturelle Werte ihr eigen nennen und aktiv am gesellschaftlichen und politischen Leben, an der Leitung von Staat und Gesellschaft teilnehmen.» Auf politisch-ideologische Erziehung wird deshalb grosser Wert gelegt. In erster Linie dienen die beiden Fächer Geschichte und Staatsbürgerkunde diesem Erziehungsziel. In den Schulbüchern wird die eigene Geschichte und Entwicklung als «demokratisch und friedliebend» dargestellt, dem sogenannten Imperialismus dagegen «Unmenschlichkeit und Aggression» unterstellt. Im Lehrbuch für das Fach Staatsbürgerkunde (achte Klasse) heisst es über die Bundesrepublik: «Von Anfang an unterlag in der BRD jegliche fortschrittliche, demokratische Tätigkeit der staatlichen Kontrolle und Bespitzelung. Ein immer dichter werdendes Netz der Überwachung wurde über die Bundesrepublik gezogen. Telefongespräche werden abgehört, Post wird kontrolliert, Wohnungen werden durchsucht, schwarze Listen von politisch missliebigen Bürgern angelegt und vieles andere mehr. Damit sollen die Massen eingeschüchtert, der imperialistischen Politik gefügig gemacht werden.» Sehr glaubwürdig finden die meisten Schüler das nicht. Sie wissen ja, dass die beschriebene «Kontrolle und Bespitzelung» genau die Methode des eigenen Staates ist. Das würden sie aber in der Schule – oder überhaupt öffentlich – nicht äussern. Denn in Staatsbürgerkunde wird die politische Haltung benotet. Deshalb prägen sich fast alle die fettgedruckten Merksätze des Lehrbuches ein und «spulen sie ab», wenn sie danach gefragt werden.

Auch die Wehrerziehung spielt in der Schule der DDR eine grosse Rolle. Schon die Schüler der Unterstufen ziehen in den Winterferien in das wehrsportliche Pioniermanöver «Schneeflocke». 1978 wurden Wehrkundeveranstaltungen in den Fächerkanon aufgenommen. In der neunten und zehnten Klasse haben die Schüler jeweils viermal im Jahr einen Unterrichtstag lang eine militärisch-theoretische Unterweisung. Dort lernen die Schüler, dass die Nationale Volksarmee «in enger Waffenbrüderschaft mit der Sowjetunion und den anderen Bruderarmeen... die Errungenschaften der Werktätigen gegen imperialistische Aggression» schützt und den Frieden sichert. In einem anderen Auszug des Lehrbuchs für den Wehrunterricht heisst es: «Die Bundeswehr der BRD ist das wichtigste bewaffnete Machtorgan des staatsmonopolistischen Regimes der BRD, deren innenpolitische Funktion in der Sicherung der monopolistischen Klassenherrschaft und deren aussenpolitische Funktion darin besteht, im Rahmen der Nato imperialistische Expansions- und Aggressionsziele militärisch abzusichern bzw. zu verwirklichen.»

Zusätzlich zu diesem theoretischen Unterricht müssen alle Schüler der neunten Klasse an einem vormilitärischen Wehrlager teilnehmen. Die Schülerinnen gehen zur gleichen Zeit in ein Zivilverteidigungslager. Solche Ausbildungen müssen in der erweiterten Oberschule, in der Lehrausbildung und im Studium wiederholt werden.
Noch bis Mitte der siebziger Jahre war es an den DDR-Schulen üblich, dass der Lehrer oder die Lehrerin morgens die Klasse betrat und rief: «Für Frieden und Freundschaft – Seid bereit!» Die Schüler antworteten darauf: «Immer bereit!», die Hände zum Pioniergruss erhoben. Dieses strenge Ritual ist inzwischen fast überall einem «Guten Morgen» oder «Guten Tag» von Lehrern und Schülern gewichen. Doch noch immer müssen die Kinder mindestens zweimal im Monat an einem Montagmorgen vor Unterrichtsbeginn auf dem Schulhof zum Appell antreten. Jede Klasse hat einen festeingezeichneten Stellplatz. Zu solchen Anlässen verliest der Direktor Belobigungen für besondere Leistungen, aber er tadelt auch öffentlich, wenn Schüler sich in besonderem Masse undiszipliniert verhalten haben. Zu bestimmten Anlässen finden Fahnenappelle statt: zum Schuljahrsbeginn am 1. September (dieser Tag wird in den sozialistischen Ländern als Weltfriedenstag begangen; am 1. September 1939 begann der Zweite Weltkrieg), zum Jahrestag der russischen Oktoberrevolution am 26. Oktober. Zu allen Appellen müssen die Schüler ihre Uniformen der Thälmann-Pioniere oder der FDJ tragen. Doch trotz dieser scheinbaren Ordnung sind auch schwerwiegende Disziplinprobleme den Lehrern in der DDR nicht fremd.
Jedes Zeugnis enthält neben den Noten eine «gesellschaftliche Beurteilung» des Schülers. Diese beschreibt genauer den Leistungsstand des einzelnen, enthält aber auch eine Beurteilung des Gesamtverhaltens. Darin ist zusammengefasst, wie die Disziplin des Schülers ist, wie er sich Lehrern und Mitschülern gegenüber verhält, wie aktiv er im Verband der Thälmann-Pioniere oder der FDJ ist und wie er seine «gesellschaftlichen Aufgaben» erfüllt. Die Erfüllung solcher Aufgaben, für die jeder einen Teil seiner Freizeit der Allgemeinheit zur Verfügung stellen soll, wird von Schülern und Erwachsenen erwartet. Für Schüler bedeutet das, wiederverwertbare Altstoffe zusammenzutragen, wenn die Schule eine solche Sammlung ansetzt, oder bei Solidaritätsaktionen Brillen für Nicaragua oder Schulhefte für Vietnam zu sammeln. Von guten Schülern wird erwartet, dass sie «Lernpatenschaften» über schlechtere Schüler übernehmen. Denn da alle Schüler von Anfang bis Ende der Schulzeit in einem Klassenverband bleiben und alle den gleichen Stoff lernen müssen, gibt es in den Klassen auch ein starkes Leistungsgefälle. Die guten sollen an Nachmittagen den schlechten Schülern helfen, ihre Wissensdefizite auszugleichen. Auch die politische Haltung wird in der Beurteilung erwähnt.
Nur wer beste schulische Leistungen zeigt – ein Notendurchschnitt von 1,2 gilt da als «normal» – und gleichzeitig eine überdurchschnittliche «gesellschaftliche Beurteilung» in seinem Zeugnis hat, kann nach der zehnten Klasse auf

die zweijährige Erweiterte Oberschule (EOS) gehen, um dort Abitur zu machen oder nach einer dreijährigen kombinierten Schul- und Berufsausbildung die Reifeprüfung abzulegen. Normalerweise sind das zwei oder drei Schüler pro Klasse. Die Jungen, die Abitur machen wollen, müssen sich zusätzlich verpflichten, mindestens drei Jahre «Ehrendienst» – so wird das offiziell genannt – bei der Nationalen Volksarmee, der Grenztruppe der DDR oder beim Staatssicherheitsdienst zu leisten. Zur Abiturstufe werden nur so viele Schüler zugelassen, wie hinterher auch als Akademiker gebraucht werden.
Schüler, die überdurchschnittliche Leistungen zeigen, können schon früher das Einheitsschulsystem verlassen und in Spezialschulen oder in Spezialklassen überwechseln. In Sprachspezialschulen und -klassen wird von der dritten Klasse an Russisch unterrichtet (sonst ab der fünften Klasse), und die zweite Fremdsprache – meist Englisch, in seltenen Fällen auch Französisch – ist Pflicht ab der siebten Klasse. An den normalen Polytechnischen Oberschulen ist sie freiwillig. Von einer zwei- oder dreizügigen Schule schafft nach der zweiten Klasse bestenfalls ein Schüler den Übergang auf eine solche Spezialschule. Wer besonderes Talent für eine bestimmte Sportart, für Musik oder für Artistik zeigt, kann von der fünften Klasse an auf eine Spezialschule der jeweiligen Richtung gehen. Diesen Schulen sind Internate angeschlossen. Neben dem normalen Schulbetrieb haben die Kinder und Jugendlichen ein hartes Trainingsprogramm zu bewältigen. Auch dadurch erklären sich die internationalen Erfolge der DDR-Spitzensportler.
Auf die Schüler wird in den Kinder- und Jugendsportschulen (KJS) besondere Rücksicht genommen. Wegen des grossen Trainingspensums werden die neunte und zehnte Klasse auf drei Jahre ausgedehnt, die sonst zweiklassige Abiturstufe manchmal sogar auf vier Jahre. Doch nicht alle, die eine KJS besuchen, machen auch Abitur. Denn hier zählen ja nicht die schulischen, sondern die sportlichen Bestleistungen. Wer nach der zehnten Klasse in die Berufsausbildung geht, dem verhilft die KJS zu besonders begehrten Lehrstellen. Auch bei der Studienplatzvergabe werden die Abiturienten der KJS bevorzugt. Fast jeder bekommt seinen Traumstudienplatz und ausserdem höhere Stipendien. Für mathematisch, naturwissenschaftlich oder sprachlich Hochbegabte gibt es von der neunten Klasse an noch einmal die Möglichkeit, auf entsprechende Spezialschulen zu gehen.
Alle Absolventen der zehnten Klasse der Polytechnischen Oberschule (POS), ausser den zwei oder drei, die in die Abiturklasse wechseln, gehen in die Berufsausbildung. Besonders lernschwache Schüler können schon nach der achten Klasse die Schule verlassen, um eine Lehre zu beginnen. Ihre Lehre dauert aber dann ein Jahr länger als sonst für den jeweiligen Beruf vorgesehen, weil sie in den Berufsschulen den Stoff der allgemeinbildenden Fächer der POS lernen müssen. Die Dauer der Lehre ist nicht starr festgelegt, sondern hängt von den Ausbildungsberufen ab. Durchschnittlich dauert sie zweieinhalb Jahre.

Für jeden Schulabgänger steht ein Ausbildungsplatz zur Verfügung. Darauf verweist die DDR mit berechtigtem Stolz, wenn sie sich mit westlichen Ländern vergleicht. Auch Studienplätze werden nur dann vergeben, wenn hinterher entsprechende Arbeitsplätze dafür zur Verfügung stehen. Das hat aber zur Folge, dass nicht jeder werden kann, was er sich einmal erhofft hat. Berufswünsche müssen nicht selten wirtschaftlichen Anforderungen weichen.
Materiell sind alle, die sich in Ausbildung befinden, gut abgesichert. Schüler an der EOS erhalten, unabhängig vom Einkommen der Eltern, 110 Mark in der elften und 150 Mark in der zwölften Klasse. Das entspricht dem Lehrlingsentgelt im ersten und zweiten Ausbildungsjahr. Alle Studenten erhalten, ebenfalls elternunabhängig, staatliche Stipendien. 200 Mark beträgt das Grundstipendium, bei vorheriger Berufstätigkeit, längerem Wehrdienst oder bei besonderen Leistungen im Studium gibt es Zuschläge. Grosse Sprünge kann man damit nicht machen. Aber Fachliteratur ist extrem billig, und ein Platz im Studentenwohnheim kostet monatlich zehn Mark.
Eine zusätzliche Sicherheit haben alle, die in der Ausbildung sind: Der Lehrausbildungsbetrieb muss dem Lehrling schon vor Abschluss der Lehre einen Arbeitsvertrag anbieten. Fachschulen und Universitäten vermitteln ihre Studenten an ihre zukünftigen Arbeitsstellen. Ein halbes Jahr vor Studienabschluss weiss jeder, wo er für die nächsten Jahre arbeiten wird. Dies sind angesichts der Jugend- und Akademikerarbeitslosigkeit im Westen Vorzüge, mit denen sich die DDR beim Systemvergleich sehen lassen kann. Wenn junge Leute aus der DDR und aus westlichen Ländern miteinander diskutieren, ist die Gewissheit, nach der Ausbildung einen sicheren Arbeitsplatz zu haben, allemal ein Pluspunkt für die Ostdeutschen.

Jugend: Massenhaft Blauhemden, aber keine einheitliche Masse

Die Freie Deutsche Jugend, die FDJ, ist der einzige zugelassene Jugendverband der DDR. Ohne ihn geht nichts. In der Schule, in der Berufsausbildung, im Studium, im organisierten Freizeitleben der Kinder und Jugendlichen – überall haben sie mitzureden, die Funktionäre in den blauen Hemden. Sogar in der Volkskammer und in den Volksvertretungen der Bezirke, Kreise und Kommunen haben sie eigene Fraktionen. Die FDJ ist Eignerin von Zeitungs- und Buchverlagen und des Jugendreisebüros «Jugendtourist». Im ganzen Land stehen die Jugendklubs unter ihrer Leitung. Und ihr untersteht der Kinderverband der DDR, die Pionierorganisation «Ernst Thälmann». Die Eltern melden ihre Kinder gleich mit dem Schulanfang bei den Jungen Pionieren, der unteren Organisationsstufe der Thälmann-Pioniere, an. Kein Gesetz verpflichtet sie dazu, doch fast alle tun es automatisch. Der Organisationsgrad der Schüler beträgt nahezu 100 Prozent.

Alles, was in der Schule nicht unmittelbar mit dem Unterricht zusammenhängt, wird vom Pionierverband oder der FDJ organisiert. An jedem zweiten Mittwoch ist Pioniernachmittag. Erscheinen ist zwar Pflicht, doch wird diese nicht so ganz ernst genommen. Je älter die Pioniere werden, um so mehr sinkt ihr Interesse. Doch für die ganz Kleinen ist es eine gelungene Abwechslung. An den Pioniernachmittagen wird gebastelt, werden Ausflüge gemacht oder ein Kino oder Theater besucht. Nebenbei werden sie auch politisch geschult. In den Ferien werden «Ferienspiele» in der Schule organisiert. Und die Pionierorganisation unterhält ein dichtes Netz von Kinderferienlagern, in die die Mitglieder für ein paar Mark fahren können. In allen Städten gibt es Pionierhäuser, in denen sie interessante Zirkel und Kurse besuchen können. In jeder Klasse gibt es einen Gruppenrat, an jeder Schule einen Freundschaftsrat der Pioniere. Wahlberechtigt und wählbar sind nur die Mitglieder. Beim montäglichen Schulappell sollen die Kinder in der Verbandsuniform erscheinen: Die Pioniere tragen weisse Blusen oder Hemden und neuerdings auch einfarbige T-Shirts mit dem Emblem der Organisation und, je nach Alter, blaue oder rote Halstücher. Die FDJler tragen blaue Hemden oder Blusen mit dem Abzeichen, der aufgehenden Sonne, auf dem Ärmel. Wer nicht Mitglied ist, fällt auf und ist von vornherein zum Aussenseiter abgestempelt. Nur wenige Eltern muten ihren Kindern das zu.

Nicht anders ist es mit der FDJ. Am Ende der siebten Klasse stellen alle einen Antrag, in die Jugendorganisation einzutreten. Auch diese Mitgliedschaft ist eher formal. Niemand muss diesen Schritt begründen. Doch wer ihn nicht tut,

FDJ

Vorhergehende Doppelseite: In ihren Blauhemden treten die FDJ-Mitglieder nur bei Massenveranstaltungen der Organisation auf. Hier bei einem Konzert in einem Berliner Park.

wird nach dem Grund gefragt und als politisch unzuverlässig eingestuft. Schwierigkeiten auf dem Weg zum Abitur und Studium, wenn dann überhaupt noch möglich, sind vorprogrammiert. Wer in der FDJ ist, wird in Ruhe gelassen. Engagieren muss sich nur, wer noch schulische Karriere machen will.

An ihren blauen Hemden und Blusen sind sie zu erkennen, die FDJler. Uniformiert treten sie nur in Massen auf, immer dann, wenn Versammlungen oder grosse Treffen, Schulfeiern oder Aufmärsche angesagt sind. Privat holt kein Jugendlicher zwischen Rostock und Karl-Marx-Stadt sein Blauhemd aus dem Schrank. Früher war es verpönt, zur FDJ-Kleidung Blue-Jeans zu tragen. Heute sind die Sitten lockerer geworden. Die blauen Blusen und Hemden werden, egal ob es passt oder nicht, mit modischen Sachen kombiniert. Turnschuhe sind eine Selbstverständlichkeit.

Im Westen wird häufig geargwöhnt, es handle sich um eine uniformierte, gleichgeschaltete Staatsjugend. Manchem drängen sich sogar Vergleiche mit der Hitler-Jugend auf. Auch wenn die Uniformen, die Gelöbnisse, die grossen Aufmärsche und Fackelzüge äusserlich daran erinnern, der Eindruck ist völlig falsch. Hinter dem einheitlichen Blau verbirgt sich keine homogene Masse, die beliebig gelenkt oder gar noch einmal zu Völkermord und Rassismus aufgehetzt und ausgenutzt werden könnte.

Die Aufmärsche, die diesen Eindruck entstehen lassen, gehören zur lästigen Pflicht, die missmutig erfüllt wird, um sonst unbehelligt zu bleiben. Zu den Manifestationen, bei denen Erscheinen Pflicht ist, haben die meisten Jugendlichen einen kleinen Einkaufsbeutel dabei. Schon ein paar Meter hinter dem Kundgebungsort ziehen sie die Blauhemden aus, lassen sie darin verschwinden und sehen wieder ganz zivil aus. In der FDJ-Kluft mögen nur wenige durch die Stadt laufen oder sich mit Freunden treffen.

Die FDJ versteht sich als politische Organisation. Sozialistische Demokratie wird auf DDR-Art schon in der Schule gelehrt. Die Gruppenräte der Jüngeren und die FDJ-Leitung der Älteren, also die jeweiligen Klassensprechergremien, haben eine Postenverteilung wie entsprechende Gremien der Erwachsenen. Ein «Sekretär für Agitation und Propaganda» ist auf jeden Fall dabei. Die wichtigste Aufgabe der Gremienvorsitzenden ist aber, die Entscheidungen und Ideen von Schul- und FDJ-Leitung nach unten weiterzugeben.

Wer sich in der FDJ richtig engagiert, hat durchaus Chancen, in der Organisation und später in Staat und Gesellschaft Karriere zu machen. Die Spitzenfunktionäre des Verbandes sind dem FDJ-Alter längst entwachsen. Sie werden in der DDR als «Berufsjugendliche» bespöttelt. Der Vorsitzende des FDJ-Zentralrates, Eberhard Aurich, wurde 1987 immerhin 40 Jahre alt. Eine weitere Karriere in der SED ist ihm ziemlich sicher. Sein Vorgänger, Egon Krenz, ist mittlerweile das jüngste Mitglied des Politbüros der SED. Erich Honecker, heute Generalsekretär der Partei und gleichzeitig Staatsratsvorsitzender, war der erste Vorsitzende der FDJ, als sie 1946 gegründet wurde. Die Organisation bezeichnet sich selbst als die «Kaderreserve der Partei» – also der SED.

Aber solche möglicherweise winkenden politischen Karrieren sind kein Anreiz für die Jugendlichen. Etwas anderes ist den Jugendlichen wichtiger an diesem Verband. Am Beginn der Mitgliedschaft, genauer gesagt am Ende der achten Klasse, haben alle FDJ-Mitglieder «Jugendweihe». In feierlichen staatlichen Veranstaltungen mit Kulturprogramm, Gelöbnissen und meist langweiligen Reden werden die Jugendlichen symbolisch in die Erwachsenenwelt aufgenommen. Dieser Feiertag bringt teure Sachgeschenke und hohe Geldbeträge für die Jugendlichen. Es ist überhaupt die Familienfeier und der Geschenkanlass Nummer eins in der DDR. Die Eltern versuchen, ihren Kindern diesen Tag so schön wie möglich zu machen. Monatelang im voraus sind die Restaurants der DDR für die Sonntage der Jugendweihen voll ausgebucht. In gute Restaurants kommt man an diesen Tagen kaum ohne Beziehungen. Am Nachmittag und Abend gehen die Feiern zu Hause weiter.

Die FDJ hat auch die Aufgabe, den Jugendlichen organisierte Freizeit zu bieten. Ein dichtes Netz von FDJ-eigenen Jugendklubs überzieht das Land. Auch die Jugendklubs der Betriebe stehen unter Leitung des Verbandes. Die Klubs bieten Diskos, Filmabende, Diavorträge und Diskussionsveranstaltungen. Die Tanzveranstaltungen sind als einzige wirklich gut besucht, denn Diskotheken sind rar in der DDR. Die FDJ-Diskos sind vor allem für Jugendliche zwischen vierzehn und sechzehn die einzige Möglichkeit, tanzen zu gehen. Und die Eltern lassen ihre Kinder beruhigt dorthin gehen, denn dort sind sie unter Aufsicht. Ältere meiden die Klubs. Fragt man ist Ost-Berlin die Jugendlichen nach den FDJ-Diskos, verziehen sie das Gesicht. «Organisierter Kinderkram» sei das. Immer mehr Jugendliche finden die ganze FDJ «out» oder «ätzend» und äussern das auch öffentlich. Die Diskussionsabende sind schwach besucht, wenn die üblichen Themen wir «Karl Marx und die Jugend» oder «Unser Beitrag zur Verteidigung der Heimat» angesagt sind. Das Interesse wächst, wenn über westliche Musik referiert wird oder Filme und Dia-Vorträge über ferne Länder gezeigt werden. Die jungen Leute wissen, dass ihre Fragen meistens nicht ehrlich beantwortet werden. Deshalb werden sie meist gar nicht erst gestellt. Die Jugendlichen sehen die FDJ überwiegend als Angebot, von dem sie das nutzen, was ihnen passt.

Beliebt ist das FDJ-eigene Reisebüro «Jugendtourist». Mit ihm kann man für relativ wenig Geld Urlaub in der DDR und im sozialistischen Ausland machen. Der Staat subventioniert die Reisen. Neuerdings bietet «Jugendtourist» auch Reisen in einige westeuropäische Länder an, nach dem Abschluss eines

Jugendaustauschprogramms zwischen beiden deutschen Staaten sogar in die Bundesrepublik. Über 3000 Jugendliche waren es 1986, eine Steigerung auf 4500 war für 1987 vorgesehen. Das ist – gemessen an der Zahl derjenigen, die gerne in die Bundesrepublik oder überhaupt ins westliche Ausland reisen möchten – wenig. Doch es ist ein Anfang. Diese Reisen werden nicht im Katalog angeboten, sondern als Belohnung für gute Arbeit im Studium und Beruf und im Jugendverband vergeben. Die Jugendlichen, die in diesen Gruppen fahren dürfen, sind nicht mehr ganz so jung. Fast alle, die ins westliche Ausland reisen können, lassen schon eine eigene Familie in der DDR zurück, als Sicherheit sozusagen.

FDJ-Mitglied kann man bis zum Alter von 30 Jahren bleiben. Das ist allerdings eine theoretische Altersgrenze. Die Mitgliedschaft endet nicht durch eine Austrittserklärung, sondern einfach dadurch, dass man seine Beiträge nicht mehr bezahlt. Unter den Schülern und Studenten beträgt der Organisationsgrad noch nahezu 100 Prozent. Schon bei den Jugendlichen in der Berufsausbildung ist er niedriger. Und von den berufstätigen jungen Leuten ist kaum noch jemand dabei. Die SED bezeichnet die Jugend der DDR gerne als «Erbauer des Sozialismus». Doch diese öffentliche Einstufung verdeckt die vielen Probleme, die Jugendliche haben und die der Staat mit Jugendlichen hat.

Es ist nicht viel los in den Dörfern und Städten der DDR. Nur die Zentren von Ost-Berlin und Leipzig sind Ausnahmen. In diesen beiden Städten gibt es gute, aber teure Diskotheken, die von jungen Leuten aus dem ganzen Land aufgesucht werden. Überall herrscht sonst meistens Langeweile. Die FDJ-Klubs werden nur besucht, wenn Disko angesagt ist. In den «Kulturhäusern» der Kleinstädte und in manchen Dorfgasthäusern ist am Wochenende Jugendtanz. Aber richtig attraktiv sind diese Veranstaltungen nicht. So spielt schon früh die Clique eine wichtige Rolle. Gemeinsam mit Freunden knattern die Jugendlichen auf ihren Mopeds durch die Gegend oder veranstalten reihum zu Hause Feten, sofern die Eltern es erlauben und die Enge der Wohnung es zulässt. Eine eigene Wohnung hat kaum jemand. Wohnraum ist noch immer knapp in der DDR, und so ziehen in die Einraumwohnungen fast immer junge Ehepaare, aber selten Alleinstehende. Grosse Wohnungen, in denen junge Menschen in Wohngemeinschaften andere Formen des Zusammenlebens versuchen könnten, sind nicht zu haben. In Grossstädten versuchen Jugendliche hin und wieder, leerstehende Wohnungen zu besetzen. Dies hat jedoch mit den spektakulären Aktionen ihrer westlichen Altersgenossen nichts zu tun. In der DDR geht das anders zu: Die Jugendlichen beobachten die Häuser der Kommunalen Wohnungsverwaltungen (KWV). In Hinterhäusern sind gelegentlich leerstehende Wohnungen zu finden. Sie sind die schlechtesten, die es gibt: dunkel, oft feucht, Gemeinschaftstoilette im Treppenhaus, alte Kohleöfen, unreparierte Schäden. Wer sich Zugang zu einer solchen Wohnung verschafft (die Türen stehen manchmal offen oder lassen sich leicht öffnen), dann einzieht, notdürftige Ausbesserungen vornimmt und ordentlich Miete an die KWV überweist, hat gute Chancen, zu bleiben. Wenn die Verwaltung den unplanmässigen Mieterwechsel nicht sofort bemerkt und die Miete drei Monate lang angenommen hat, muss sie einen Mietvertrag mit dem «Besetzer» abschliessen oder ihm eine andere Wohnung zuweisen. Doch dieses Wagnis gehen die wenigsten jungen Menschen ein. Um früh an eine Wohnung ausserhalb des Elternhauses zu kommen, wird in der DDR lieber zeitig geheiratet. Dann sind die Chancen auf eigenen, wenn auch bescheidenen Wohnraum am grössten.

Wenn Jugendliche feiern oder sich ganz einfach nur treffen, ist fast immer Alkohol dabei. Ein Bild, das in der DDR immer wieder zu beobachten ist – in den städtischen Neubaugebieten ebenso wie auf den Dörfern: Jugendliche stehen oder hocken zusammen, rauchen die billigen Zigarettenmarken «Karo» oder «Semper», aus einem Kofferradio tönt Musik, und eine Flasche kreist. Alkohol ist teuer. Eine Flasche Wein ist nicht unter 6 Mark, eine Flasche Schnaps nicht unter 13 Mark zu haben. Das sind hohe Preise für Jugendliche, die nicht über viel Geld verfügen können. Das Lehrlingsentgelt im zweiten Ausbildungsjahr beträgt 150 Mark.

Rauschgiftprobleme gibt es dagegen in der DDR so gut wie gar nicht. Nur wenige Drogen gelangen über die Grenzen. Dazu braucht der DDR-Zoll nicht einmal aufwendig zu kontrollieren. Die DDR mit ihrer nicht konvertierbaren, also auf dem internationalen Devisenmarkt wertlosen Währung, schützt sie vor diesem Problem. Dieser Teil Deutschlands ist kein attraktiver Markt für internationale Händlerringe. Dafür schaffen sich manche Jugendliche Ersatzdrogen: Sie schnüffeln Möbelpolitur, Lacklösungsmittel oder Klebstoffe, andere nehmen das Beruhigungsmittel «Faustan», das zusammen mit Alkohol eine aufputschende Wirkung hat.

Grosse Sorge bereitet Politikern in der DDR die nicht einzudämmende Jugendkriminalität. Obwohl aus marxistisch-leninistischer Sicht «im Sozialismus die Wurzeln für Kriminalität beseitigt» sind, nehmen Straftaten insgesamt zu und nicht ab. Schwere Gewaltverbrechen wurden allerdings zurückgedrängt. Besonders hoch ist der Anteil der Jugendlichen an «Aggressionsdelikten». Körperverletzung und Sachbeschädigung – in der DDR «Rowdytum» genannt – stehen ganz oben in der Statistik. Während es sich die staatlichen Erziehungsverantwortlichen bis in die siebziger Jahre einfach gemacht haben, indem sie diese negative Entwicklung überwiegend auf die schlechten Einflüsse des Westfernsehens zurückführten, werden inzwischen auch die eigenen Fehler erkannt. 1987 wurde in der Tageszeitung «Neue Zeit» der Inhalt einer Studie veröffentlicht, die aufschlussreich ist. Demnach hat der grösste Teil der jugendlichen Straftäter gleiche Merkmale in der Biografie: fehlender Schulabschluss, abgebrochene Lehre, häufige Heimaufenthalte, zerrüttete Familienverhältnisse.

Auch in einem anderen Punkt wirkt die staatliche Erziehung nicht so, wie die SED es sich wünscht: Während die meisten Jugendlichen die Diskussionsveranstaltungen der FDJ meiden, zieht es viele in die «Junge Gemeinde» der evangelischen Kirche. Denn ihre weltanschaulichen Probleme und Standpunkte können sie dort – und das ist der wichtigste Unterschied zur FDJ – offen diskutieren. Auch auf unbequeme Fragen bekommen sie eine Antwort.

Als 1978 eine zunehmende Militarisierung der DDR-Gesellschaft betrieben wurde, meldete sich die evangelische Kirche öffentlich dagegen zu Wort. Ihre Proteste blieben erfolglos. Doch viele, vor allem junge Menschen, waren beeindruckt vom unerschrockenen Eintreten der Pfarrer gegen Wehrunterricht an den Schulen, für die Friedenserziehung und Abrüstung in Ost und West. Unter dem Dach der Kirche sammelten sich immer mehr Jugendliche in Friedensgruppen. Friedensdekaden hatte es in der evangelischen Kirche schon mehrere gegeben. Die Dekade im Herbst 1981 wurde unter das Motto «Schwerter zu Pflugscharen» gestellt. Auf Stoff gestickte Embleme zeigten einen Schmied, der ein Schwert umarbeitete. Darunter stand das Bibelwort des Propheten Micha. Niemand, auch nicht die Verantwortlichen in der evangelischen Kirche, hätten geglaubt, dass dieses Zeichen zum Symbol der Friedensbewegung in der DDR werden sollte. Tausende von jungen Leuten besorgten sich die Aufnäher und befestigten sie an ihren Jacken. Allen war klar, dass der Staat das nicht dulden würde. Denn die FDJ, die sich selbst «eine Friedensbewegung» nannte, gab den Slogan aus: «Der Frieden muss bewaffnet sein.» Zwar empfanden die staatlichen Stellen die Friedensaufnäher als Provokation, aber die Erfinder hatten sich etwas dabei gedacht. Die Vorlage für das Bild des Schmiedes war nämlich ein Denkmal, das die sowjetische Regierung in den fünfziger Jahren den Vereinten Nationen geschenkt hatte und das vor dem Uno-Gebäude in New York steht. Die Inschrift auf dem Sockel heisst: «Schwerter zu Pflugscharen». Das war zweifellos eine raffinierte Auslegung des staatlichen Gebots «Von der Sowjetunion lernen, heisst siegen lernen».

Doch im Frühjahr 1982 kam das Verbot. Hohe Funktionäre des Staates sprachen mit der Leitung der evangelischen Kirche und wiesen auf Bestimmungen hin, wonach nicht genehmigte Symbole öffentlich nicht gezeigt werden dürfen. Gleichzeitig wurden die Jugendlichen von Polizisten angehalten und aufgefordert, die Abzeichen verschwinden zu lassen. Wer es trotzdem trug, dem wurde der Zutritt zu öffentlichen Gebäuden verweigert. Zumindest mussten sie die Jacken ausziehen und so über dem Arm tragen, dass man den Aufnäher nicht mehr erkennen konnte. Die FDJ wurde beauftragt, mit den Schülern und Lehrlingen zu reden. Wer nicht einsichtig war, dem wurde der Rausschmiss aus der Lehre oder aus der Erweiterten Oberschule (Abiturstufe) angedroht. Doch nicht alle liessen sich einschüchtern. Einige nähten sich an die gleiche Stelle einen weissen Stoffkreis ohne Aufschrift oder schnitten ein Loch in die Jacke. Jeder verstand dieses Zeichen. Aber Polizei und Jugendverband waren machtlos.

Im Juni 1982 veranstaltete die evangelische Kirchengemeinde am Ost-Berliner Nöldernplatz in ihrem grossen Pfarrgarten ein Friedensfest. Öffentliche Plätze kann die Kirche für solche Veranstaltungen nicht nutzen. Gelegenheit dazu haben also nur Gemeinden, die selbst über viel Raum verfügen. Während drinnen Künstler ihre Stände aufgebaut hatten und regimekritische Schriftsteller aus ihren Werken lasen, kontrollierten Mitarbeiter des Ministeriums für Staatssicherheit von draussen das Geschehen. Ein junger Mann ärgerte die Spitzel auf seine Weise: Auf seinen Hemdsärmel hatte er eine sowjetische Briefmarke geklebt, die das Denkmal vor der Uno abbildete. Demonstrativ ging er immer wieder an den «Stasi»-Leuten vorbei. Wer konnte ihm verwehren, eine Briefmarke aus der Sowjetunion zur Schau zu stellen?

Unter dem Dach der evangelischen Kirche haben sich im ganzen Land Friedensgruppen zusammengeschlossen. Es gibt keinen anderen Raum, in dem sie sich ungestört treffen und diskutieren können. Diese Aktivitäten sind in der DDR freilich lokal begrenzt. Überregionale Kommunikation und Koordination ist unmöglich. Kontaktaufnahmen zu Gruppen der westlichen Friedensbewegung werden behindert. Wer es dennoch tut, muss Schwierigkeiten mit den Organen der Staatssicherheit befürchten. Diejenigen, die in diesen Gruppen aktiv mitarbeiten und öffentliche Auftritte nicht scheuen, werden im Westen oft als «Oppositionelle» oder «Widerständler» bezeichnet. Das gilt nicht für alle. Die meisten wollen Veränderungen in ihrem Land und geraten dabei in Konflikt mit der Staatsmacht.

In den achtziger Jahren bildete sich auch in der DDR ganz zaghaft eine Ökologie-Bewegung. Zweifellos war sie beeinflusst und angeregt durch westliche Gruppierungen, vor allem durch die westdeutsche Partei der Grünen.

Als 1979 der Bau der Autobahn von Wittstock (DDR) nach Hamburg (BRD) begonnen wurde, mussten breite Schneisen in die mecklenburgischen Wälder geschlagen werden. Auf die Frage, was denn passiere, wenn sich Menschen in den betroffenen Gebieten dagegen wehrten, antwortete ein Verantwortlicher aus dem Verkehrsministerium der DDR: «Dann werden wir eben so lange mit ihnen diskutieren, bis sie überzeugt sind, dass wir recht haben.»

Damals galt in der DDR noch die Formel: Technologie gleich Fortschritt – Fortschritt gleich Wohlstand. Die Menschen schüttelten die Köpfe über Kernkraftgegner im Westen, nahmen Schaumberge auf der Mulde, einem Fluss in der Nähe von Leipzig, schulterzuckend als unabänderlich zur Kenntnis. Angesichts des toten Kammes des Erzgebirges sagten sie nur: «Traurig, dass es so weit kommen musste.»

Doch so leicht wie noch vor Jahren in Wittstock haben es die Behörden heute nicht mehr mit ihrer Bevölkerung. Die Explosion des Kernreaktors in Tschernobyl, die mangelhafte Information von Behörden und Medien der DDR darüber und die Luftverschmutzung, auf die der Westen bei besonders hohen Messwerten mit Smog-Alarm, der Osten dagegen mit Beschwichtigungen und Beschönigungen reagiert, haben viele Menschen aufmerken lassen.

Mit Baumpflanzaktionen haben kirchliche Gruppen schon Ende der siebziger Jahre begonnen. Aber Öffentlichkeit sieht der Staat dabei nicht gerne. Eine Fahrraddemonstration gegen die starke Luftverschmutzung in Halle wurde polizeilich aufgelöst. Einige Teilnehmer kamen in Untersuchungshaft. Ihr Engagement für eine saubere Umwelt oder für den Frieden wird ihnen als «staatsfeindliche Hetze» oder «Verleumdung» ausgelegt. Darauf stehen Freiheitsstrafen.

Es sind überwiegend junge Leute, die sich in diesen Gruppen engagieren. Für sie gelten nicht mehr die Werte, die für die Generation ihrer Eltern bestimmend waren und sind: Technisierung, Automatisierung und Wachstum. Der Lebensstil der Eltern, das Konsumdenken und die Vorstellung, dass nur der ein nützliches Mitglied der Gesellschaft sei, der auch zur Steigerung des Sozialproduktes beiträgt, werden in Zweifel gezogen. Manche dieser jungen Leute, die so denken, arbeiten in sozialen Einrichtungen der Kirche oder auch des Staates. Dann pflegen sie Kranke, Alte oder Behinderte. «Total-Aussteiger» wie im Westen gibt es in der DDR so gut wie keine.

Nicht wenige, die sich in Öko- und Friedensgruppen engagierten und immer wieder Schwierigkeiten mit staatlichen Behörden bekamen, haben resigniert und Ausreiseanträge in die Bundesrepublik gestellt. Einigen ist auch in der Untersuchungshaft der Staatssicherheit nahegelegt worden, solche Anträge zu unterschreiben. Diejenigen, die eigentlich bleiben wollten, um zu verändern, haben den Weg in die Bundesrepublik einer längeren Haftstrafe in der DDR vorgezogen.

Westliche Medien, die «Gegenströmungen» in Ostblockländern immer besonders aufmerksam beobachten und über sie berichten, haben den Eindruck entstehen lassen, es handle sich um eine grosse Zahl von Jugendlichen, die dem Staat kritisch bis feindlich gegenüberstehen. Das ist falsch. Einer derjenigen, der die Fahrraddemonstration in Halle mitorganisierte, schätzt den Anteil der Jugendlichen, die sich in Öko-Gruppen engagieren, auf unter ein Prozent. Auch die Friedensgruppen dürften nicht viel mehr Mitglieder haben. Die Mehrzahl der Jugendlichen engagiert sich nirgends – nicht in der FDJ und nicht in der Kirche.

Solche unorganisierten jungen Leute waren es wohl auch, die an Pfingsten 1987 mit der Volkspolizei aneinandergerieten. Etwa 2000 machten ihrem Unmut Luft, weil sie am Brandenburger Tor in Ost-Berlin daran gehindert wurden, einem jenseits der Mauer im Westen stattfindenden Rockkonzert zuzuhören. Es gab Sprechchöre («Die Mauer muss weg», «Wir wollen Freiheit»), gewaltsame Auseinandersetzungen, Festnahmen, Verletzte. Aber auch diese Tumulte sind mit Jugendprotesten im Westen wie in Zürich, Amsterdam, Liverpool oder West-Berlin unvergleichbar.

Arbeit: Rationalisierung – ein Zauberwort, das nicht beunruhigt

Das mächtige Ministerium für Staatssicherheit, das im Ost-Berliner Stadtbezirk Lichtenberg ein riesiges, scharf bewachtes Gelände einnimmt, hat viele Spott- und Spitznamen. «Stasi» ist der meistgebrauchte Ausdruck. «VEB Guck, Horch und Greif» ist sehr verbreitet. Und wenn einer von «der Firma» spricht, weiss jeder was gemeint ist.

Ironisch sagen manche auch «Ministerium für Datenschutz». Daten, die im Stasi-Ministerium gespeichert wurden, sind tatsächlich gut geschützt – aber nicht vor staatlichen Behörden, sondern vor den Bürgern. Keiner weiss genau, was über ihn bekannt ist. Aber alle DDR-Bürger fühlen sich total erfasst, durchleuchtet und kontrolliert.

Abgesehen von den geheimen «Stasi»-Akten begleiten jeden erwachsenen DDR-Bewohner drei Dokumente durchs Leben: der Personalausweis, das SVK-Buch und die Kaderakte.

Seinen Personalausweis muss der DDR-Bürger immer bei sich haben. Die Polizei darf jederzeit Personen kontrollieren. Ein beliebter Witz: «Können Sie sich ausweisen?» fragt ein Polizist. «Aber bitte, gern, darf man das jetzt selbst machen?» Auf diese Weise wird die Tatsache auf die Schippe genommen, dass der Personalausweis als Reisedokument nur für die CSSR tauglich ist. Wer in andere Länder fahren darf, bekommt für die Dauer der Reise am Abfahrtstag einen Pass, den er sofort nach der Rückkehr wieder abgeben muss. Der Personalausweis hat eine neunstellige Nummer – das ist die Personenkennziffer der DDR-Bürger.

Alle 8,5 Millionen Berufstätigen besitzen ein zweites Dokument, das ebenso wichtig ist wie der Personalausweis: das Sozial- und Krankenversicherungs (SVK)-Buch. Darin sind alle Berufsabschlüsse, Arbeitsstellen und Fehltage eingetragen, dann die Krankheiten, Impfungen und Zahnbehandlungen sowie die gezahlten Beiträge. Das grüne Büchlein wird beim Arztbesuch benötigt und muss beim Arbeitswechsel vorgelegt werden. Die Sozialversicherung übrigens ist in der DDR äusserst billig. 60 Mark beträgt der Einheitsbeitrag für alle, der jedoch nur für die Mindestrente reicht.

Berüchtigt ist die Kaderakte. Sie lagert in der «Kaderleitung» – im Personalbüro – des Betriebes. Über jeden Werktätigen wird eine Kaderakte geführt. Festgehalten ist darin alles, was mit dem Arbeitsleben zusammenhängt: Arbeitsleistungen, Beurteilungen, Auszeichnungen, aber auch Fehlleistungen und Vergehen. Wenn der Arbeitsplatz als «sicherheitsempfindlich» eingestuft ist, stehen auch Namen und Daten von Verwandten oder Freunden im westli-

DIE THEORIE WIRD
ZUR MATERIELLEN GEW
SOBALD SIE
DIE MASSEN ERGREI

Vorhergehende Doppelseite: Achtlos gehen die meisten DDR-Bürger an den vielfach unverständlichen Parolen vorüber, die von der SED angeschlagen werden.

chen Ausland darin. Allgemein wird angenommen, dass auch eingetragen wird, wenn jemand nicht an der Wahl teilnimmt. Die Kaderakte, die so gefürchtet ist, weil keiner den genauen Inhalt kennt, begleitet den Werktätigen von Arbeitsplatz zu Arbeitsplatz.

Häufige Arbeitsplatzwechsel rufen bei Arbeitgebern Argwohn hervor. Vertuschen kann man solche Wechsel in der DDR nicht. Das SVK-Buch, das bei jedem Einstellungsgespräch vorgelegt werden muss, und auch die Kaderakte geben Auskünfte über diesen Teil des Sozialverhaltens. Das hat aber in der Vergangenheit Werktätige nicht daran gehindert, sich einen neuen Arbeitsplatz zu suchen, wenn sie mit den Arbeitsbedingungen nicht einverstanden waren oder es häufig Reibereien mit dem Brigadier (Meister und Vorarbeiter) und mit Vertretern der Betriebsleitung gab. Denn alle Betriebe in der DDR suchten händeringend nach Arbeitskräften.

Das Arbeitsgesetzbuch sieht vor, dass ein Werktätiger jederzeit mit einer 14tägigen Frist kündigen kann. Für die Betriebe sind Entlassungen fast unmöglich. Das Gesetz erlaubt einseitige Kündigungen durch den Arbeitgeber nur in Ausnahmefällen. Aufhebungsverträge «im beiderseitigen Einvernehmen» oder «Überleitungsverträge» auf einen neuen Arbeitsplatz sind die üblichen Formen der «Kündigung».

Die Fluktuation in den Betrieben war erheblich. Das wirkte sich auch negativ auf die Arbeitsproduktivität aus. Ein Einstellungsstopp für die meisten Betriebe, der Anfang der achtziger Jahre verhängt wurde, sollte diese häufigen Wechsel eindämmen. Seitdem hat sich die sichere Position der Arbeitnehmer verändert. Auch heute wird in der DDR niemandem gekündigt, dessen Arbeitsplatz wegrationalisiert wird.

Die DDR setzt auf beschleunigte Rationalisierung. Die Wirtschaft ist nicht so effektiv, wie sich die Planer wünschen. Die Arbeitsproduktivität hinkt deutlich hinter westlichen Industrienationen her. 1982 räumte SED-Chef Erich Honekker einen Rückstand gegenüber der Bundesrepublik von 30 Prozent ein. Dass es so ist, wusste jeder. Das renommierte «Deutsche Institut für Wirtschaftsforschung» in West-Berlin errechnete in einer 1987 veröffentlichten Studie sogar einen Produktivitätsrückstand von rund 50 Prozent.

Gegenüber ihren Nachbarn in Osteuropa steht die DDR sehr gut da. Im Vergleich zu den anderen RGW-Staaten floriert die Wirtschaft. Aber das ist auf Dauer kein Gradmesser für die Verantwortlichen in den Planungsbehörden. Schliesslich will die DDR auf dem gesamten Weltmarkt konkurrenzfähig werden, um Devisen zu verdienen, die dann zum Einkauf moderner Maschinen und Geräte verwendet werden sollen. Doch das immer wieder verlangte «Weltniveau» wird nur in wenigen Industriezweigen erreicht. Mitte der achtziger Jahre wurde CAD/CAM (Computer Aided Development and Manufacturing) zum Schlüsselsystem für die Steigerung der Wirtschaftskraft erklärt. Jeder spricht davon, jeder Betrieb soll es nutzen. Überall soll computergestützt konstruiert und produziert werden. Mikroprozessoren und Industrieroboter kommen in vielen Bereichen zum Einsatz. Die DDR-Wirtschaftler setzen auf die neuen Technologien.

Diese Erneuerungen sind dringend notwendig. Die meisten Bereiche der Volkswirtschaft arbeiten noch heute mit veralteten Anlagen, die viel Personal benötigen. Doch überschüssige Arbeitskräfte gibt es kaum. Fast alle Arbeitsfähigen im Erwerbsalter sind berufstätig. Eine Steigerung der Produktion und damit verbunden eine internationale Wettbewerbsfähigkeit kann durch den Einsatz von mehr Arbeitskräften nicht erreicht werden. Es gibt sie auch nicht. Die Betriebe müssen rationalisieren, um Arbeitskräfte für andere Produktions- und Dienstleistungsbereiche freizusetzen. Allein der Binnenmarkt lässt eine Produktionssteigerung zu, oder besser: er erfordert sie regelrecht. Denn die Bedürfnisse der Bevölkerung an Konsum und Dienstleistungen sind noch längst nicht gedeckt.

Heute wird in vielen Industriebetrieben mit tatkräftiger Unterstützung der Gewerkschaften eine Erweiterung der Schichtarbeit angestrebt. Das war bislang wegen der fehlenden Arbeitskräfte nicht möglich. Die Rationalisierung setzt die Arbeitskräfte dafür frei. Betriebe, die bisher im Einschichtsystem arbeiteten, stellen auf zwei Schichten um, andere von zwei auf drei Schichten. Eine bessere Ausnutzung der vorhandenen Kapazitäten ist dringendes Gebot. Nicht immer verbessern sich durch die Umstellung auf Spitzentechnologie auch die Arbeitsbedingungen der Werktätigen. Der Übergang zum Mehrschichtsystem ist für den einzelnen keine Verbesserung der Arbeitsbedingungen, auch wenn sich die tägliche Arbeitszeit dabei von 8¾ auf 8 Stunden verringert. Auch können nicht alle nach der Rationalisierung der Betriebe in ihrem erlernten Beruf weiterarbeiten. Viele müssen umgeschult werden.

Die ersten, die die neuen Arbeitsmarktbedingungen zu spüren bekamen, waren die Kraftfahrer. Anfang der achtziger Jahre wurde der Kraftstoff für die Behörden und für die Betriebe kontingentiert. Auch die Fuhrparks der Transportunternehmen wurden verkleinert. Die Kraftfahrer, die früher «kleine Könige» unter den Werktätigen waren, bekamen Angst um ihre Stellen. War es früher üblich, dass sie während der Arbeitszeit oder danach mit ihren Dienstfahrzeugen kleinere Umzüge oder andere Transporte machten – auf legalem Weg hätte das für die Kunden lange Wartezeiten bedeutet – und sich so auch noch die eine oder andere Mark nebenbei verdienten, unterlassen sie solche ungesetzlichen Fahrten heute. Die Treibstoffkontingentierung hat einen ganzen Berufsstand diszipliniert.

In den neunziger Jahren werden die Planer ihre Mühe haben, die Baufacharbeiter in anderen Berufen oder Produktionszweigen umzusetzen. In einem riesigen Vorhaben will die DDR bis 1990 «die Wohnungsfrage als soziales Problem» gelöst haben. Dann sollen alle Bürger über ausreichend Wohnraum verfügen. Um dies zu verwirklichen, wurde die DDR jahrelang in eine riesige Baustelle verwandelt. Die Bauwirtschaft ist der Volkswirtschaftszweig Nummer eins. Wenn das Mammut-Neubauprogramm abgeschlossen ist, werden viele der Baufacharbeiter überflüssig. Für Rekonstruktionen, Altbausanierung, Werterhaltung und Reparaturen werden jedenfalls nicht mehr so viele gebraucht wie in den siebziger und achtziger Jahren.
Immerhin sind bei den Rationalisierungen der vergangenen Jahre laut Angaben der DDR 90 Prozent der Freigesetzten im gleichen Betrieb oder wenigstens im gleichen Kombinat geblieben, nur 10 Prozent mussten in ganz andere Arbeitsbereiche wechseln. Aber auch im gleichen Kombinat zu bleiben, heisst nicht, dass den Umgesetzten ein Umzug in eine andere Stadt erspart blieb. Denn Kombinate bestehen aus mehreren Betrieben, die nicht alle an einem Ort untergebracht sind. Beispielsweise gehört zum Chemie-Kombinat Bitterfeld (in der Nähe von Leipzig) auch ein grosser Betrieb in Ost-Berlin. Zumindest über die Zumutbarkeit langer Wege zum Arbeitsplatz wird in der DDR nicht diskutiert. Die zentrale Wirtschaftsplanung mit der dazugehörigen Arbeitskräftelenkung bringt manchmal für den einzelnen auch Härten mit sich.
Anfang der achtziger Jahre sprachen die Menschen in der DDR das erste Mal von Arbeitslosigkeit im eigenen Land. Bis dahin kannten sie so etwas nur aus Berichten über den kapitalistischen Westen oder aus den Geschichtsbüchern. Doch plötzlich hörten sie manchmal von Andrang in den Ämtern für Arbeit. Mütter, die sich entschlossen hatten, für die Kindererziehung länger als nur ein «Babyjahr» mit garantiertem Arbeitsplatz zu Hause zu bleiben, berichteten von Schwierigkeiten, eine ihrer Qualifikation entsprechende Arbeit zu finden. Westliche Experten schätzten im Jahr 1984 für die DDR eine Arbeitslosigkeit zwischen ein und zwei Prozent. Inzwischen soll dieses Tief überwunden worden sein. Trotzdem wird von einer «verdeckten Arbeitslosigkeit» gesprochen. Damit sind diejenigen gemeint, die – nach westlichen Massstäben – uneffektiv oder unterqualifiziert eingesetzt sind; ihre Zahl ist nicht glaubwürdig zu beziffern. Fachleute im Westen umschreiben diese östliche Besonderheit als «Arbeitslosigkeit hinter den Fabriktoren». In der DDR sagen die Leute: «Alle haben Arbeitsplätze, aber viele haben keine Beschäftigung.» Trotzdem gilt die Arbeitsplatzsicherheit als ein hohes Gut. Von denen, die aus der DDR in die Bundesrepublik streben, mag kaum jemand an die hohen Arbeitslosenzahlen im Westen glauben. «Wer will, findet Arbeit», lautet die allgemeine Ansicht. Wer in der DDR aus Gründen der Rationalisierung seinen Arbeitsplatz verliert und keinen neuen finden kann, erhält staatliche Unterstützung, eine Art Sozialhilfe. Wer selbst kündigt und dann nichts findet, muss sehen, wie er zurecht kommt. Arbeitslosengeld gibt es in der DDR nicht. In den Sozialabga-

ben ist keine Arbeitslosenversicherung enthalten. Arbeitslosigkeit ist im Sozialismus nicht vorgesehen.

Die normale Arbeitszeit beträgt in der DDR für die meisten Werktätigen 8¾ Stunden täglich. Das ist eine 43¾-Stunden-Woche. Über Arbeitskämpfe in der Bundesrepublik, um die Einführung der 40- oder gar der 35-Stunden-Woche wurde in den Ost-Berliner Medien zurückhaltend berichtet. Offenbar wird befürchtet, dass dadurch Begehrlichkeiten geweckt würden.

Forderungen nach der 40-Stunden-Woche sind noch bis vor kurzem mit dem Hinweis abgetan worden, das sei aktuell nicht möglich. Auf dem FDGB-Kongress 1987 war erstmals davon die Rede, dass «schrittweise» die 40-Stunden-Woche eingeführt werden solle. Ein genauer Zeitplan wurde allerdings nicht genannt.

Die Arbeitszeit kann in der DDR erst dann verkürzt werden, wenn die Rationalisierung weiter fortgeschritten ist. Jedenfalls wird die 40-Stunden-Woche offenbar als ein Polster angesehen, um Arbeitslosigkeit vorzubeugen. Eine weitere Möglichkeit zum Erhalt der Vollbeschäftigung ist die Einschränkung der Rentnerarbeit. Ältere Menschen in der DDR können derzeit noch stundenweise berufstätig sein und sich etwas zu ihrer knappen Rente von 300 bis 400 Mark dazuverdienen.

Aus vielerlei Gründen geht es mit der Rationalisierung in der DDR langsam voran. Erstens wird überhaupt gemächlicher gearbeitet. Besuchern aus dem Westen fällt in den Industriebetrieben zwischen Suhl und Stralsund jedenfalls auf, dass das Produktionstempo geringer ist. Ausserdem zieht sich der technologische Wandel und Umbau länger hin, weil nicht alle Branchen gleichzeitig modernisiert werden. Und schliesslich sorgen die vielgescholtenen Gewerkschaften dafür, dass behutsam rationalisiert wird. Es ist nicht falsch, wenn FDGB-Funktionäre sagen, dass das Wort Rationalisierung in der DDR keinen bedrohlichen Klang hat. Die Vokabel «wegrationalisieren» ist ungebräuchlich, und auch von «Job-Killern» redet kaum jemand. Trotzdem ist eine zunehmende Skepsis gegenüber ungebremstem Fortschrittsglauben in vielen Gesprächen hörbar. Insofern klang es für DDR-Bürger beruhigend, als Otto Reinhold, Mitglied des SED-Zentralkomitees und einer der Berater Honeckers, in einem Interview im westdeutschen Fernsehen sagte: «Wir würden lieber auf hundert Computer verzichten als auf unser Wohnungsbauprogramm.»

Gewerkschaften: Der lange Arm der Partei im Betrieb

«Warum ich in der Gewerkschaft bin? Na ja, weil ich einen Urlaubsplatz haben will. Und ausserdem sind doch alle drin. Das gehört doch hier einfach dazu.» So oder ähnlich lauten die Antworten, wenn DDR-Bürger nach dem Grund ihrer Mitgliedschaft im Freien Deutschen Gewerkschaftsbund (FDGB) gefragt werden. Tatsächlich ist beinahe jeder Werktätige Mitglied der Gewerkschaft. Es sind 92 Prozent aller Beschäftigten. Mit über neun Millionen Mitgliedern ist der Gewerkschaftsbund die grösste Massenorganisation des Landes.

Nach der Verfassung der DDR sind die Gewerkschaften «unabhängig». Doch die Satzung des FDGB verschweigt die enge Verflechtung mit der SED nicht: «Der Freie Deutsche Gewerkschaftsbund anerkennt die führende Rolle der Sozialistischen Einheitspartei Deutschlands, des bewussten und organisierten Vortrupps der Arbeiterklasse und des werktätigen Volkes in der DDR ... und schliesst die Arbeiter, Angestellten und die Angehörigen der Intelligenz eng um die Partei zusammen.»

Der FDGB fühlt sich als Mittler, als «Transmissionsriemen» der Politik der SED in den Betrieben. Im Selbstverständnis der kommunistischen Partei ist das kein Widerspruch. Denn sie sieht eine völlige Übereinstimmung zwischen der Politik des Staates, also der SED, und den Interessen der Werktätigen. Von den Bürgern wird das zwar nicht immer so empfunden, doch diese Interpretation legitimiert die starke Anbindung der DDR-Gewerkschaften an die Partei und den Vollzug staatlicher Vorgaben durch den FDGB.

Die Gewerkschaft ist eine derjenigen Organisationen, in denen Frauen auffallend viele Funktionen ausüben. Ihr Anteil an den Mitgliedern ist auch höher als der der Männer. Und in den Betriebsgewerkschaftsleitungen (etwa vergleichbar mit den Betriebsräten) sind sie ungewöhnlich gut vertreten; auch in den Kreis- und Bezirksleitungen. Im FDGB fallen allerdings keine politischen Entscheidungen. Zwar stehen ihm eigene Fraktionen in der Volkskammer sowie den Bezirks- und Regionalparlamenten zu, aber sie vertreten keine eigenen, von der SED abweichende Standpunkte. Wo Macht ausgeübt wird, sind auch in der DDR Frauen selten zu finden.

Alle Gewerkschaftsmitglieder wählen ihre Vertretung, die Betriebsgewerkschaftsleitung (BGL). Das funktioniert also anders als beispielsweise in der Bundesrepublik, wo der Betriebsrat von *allen* Belegschaftsmitgliedern gewählt wird. Der BGL-Vorsitzende wird nicht von der Basis gewählt, sondern von der übergeordneten Leitung eingesetzt.

Was den Gewerkschaften in der DDR im Vergleich zu westlichen Gewerkschaften fehlt, sind die Tarifautonomie und die Streikfähigkeit. Der grösste Teil der Wirtschaft ist verstaatlicht – oder wie es offiziell heisst: volkseigen. Sie wird zentral geplant und gelenkt. In der Staatlichen Plankommission werden aber nicht nur für die jeweiligen Fünfjahrpläne die Produktionsziffern festgelegt, sondern auch die Löhne und Gehälter. Der FDGB hat deshalb bestenfalls innerbetriebliches Mitspracherecht, wenn es um die Einordnung in Lohngruppen geht. Das Streikrecht war in der ersten Verfassung der DDR von 1949 noch festgeschrieben. Doch als die Arbeiter ein einziges Mal davon massiv Gebrauch machten, beim Aufstand des 17. Juni 1953, der einem Generalstreik nahekam, wurde die Basis bitter enttäuscht. «Ihr könnt doch nicht das, was euch selbst gehört, nämlich die volkseigenen Betriebe, bestreiken!» riefen die Funktionäre. Als der damalige Justizminister Max Fechner sich auf das Streikrecht in der Verfassung berief und den Anführern des Aufstandes Straffreiheit zusicherte, wurde er selbst verhaftet und zu einer Zuchthausstrafe verurteilt.
Erst bei der Verfassungsänderung von 1968 wurde das Streikrecht gestrichen. Doch es war nie Teil des Arbeitsgesetzes und hat auch nie wirklich bestanden.
Die Hauptaufgabe des FDGB ist es, die Vorgaben der staatlichen Planungsbehörden in den Betrieben durchzusetzen. Seit der ersten Hälfte der achtziger Jahre sollen in der DDR die Produktionsbetriebe auf Zwei- oder Dreischichtsystem umgestellt werden, um die Maschinen und Anlagen besser auszulasten. Die Gewerkschaftsfunktionäre in den Betrieben müssen den Belegschaftsmitgliedern diese unpopuläre Massnahme nahebringen und auf Erfüllung drängen. Wenn die Produktionspläne erstellt werden, haben die Mitarbeiter noch die Möglichkeit, geringfügig darauf Einfluss zu nehmen und die Vorgaben ein bisschen nach unten zu «drücken». Doch bei so grundsätzlichen Entscheidungen wie der Ausweitung der Schichtarbeit erreichen auch die Funktionäre nichts. Einzelne Mitglieder der BGL sind durchaus beliebt bei den Kollegen, wenn sie versuchen, sich in dem bescheidenen Rahmen, den es gibt, für die Belange der Belegschaft einzusetzen. Doch von der Gewerkschaft als Interessenvertreterin der Werktätigen halten die meisten nichts. Sie zahlen ihre Mitgliedsbeiträge (ein Prozent des Einkommens), murren über die «Soli»-Abgabe, die der Kassierer auch gleich einsammelt (davon werden sozialistisch orientierte Entwicklungsländer und Befreiungsbewegungen unterstützt) und hoffen, über den FDGB an einen Ferienplatz oder eine bessere Wohnung zu kommen. Denn die wirkliche Stärke des FDGB und seiner Funktionäre in den BGL liegt im sozialen Bereich.
In Grossbetrieben hat die Gewerkschaft für eigene Polikliniken, Kinderkrippen und Kindergärten gesorgt. Eine Kommission der BGL vergibt Wohnungen in Neubauten, die die Arbeiterwohnbaugenossenschaft erstellt. Eine andere Kommission ist für den «Feriendienst» verantwortlich. Sie vergibt die Urlaubsplätze des Betriebes und der Gewerkschaft an die Mitglieder. Und der
 FDGB war massgeblich daran beteiligt, dass Gesetze geschaffen wurden, die

es Müttern ermöglichen, berufstätig zu bleiben («Babyjahr», Arbeitszeitverkürzung für Frauen mit zwei und mehr Kindern). Die Kulturobleute der Gewerkschaft organisieren gemeinsame Besuche in Theatern, Kinos, Konzerten oder Ausstellungen, manchmal mit anschliessendem Restaurantbesuch. Dieses Freizeitangebot wird von den Belegschaftsmitgliedern gerne angenommen. Denn die Kulturverantwortlichen kommen leichter an gefragte Karten und begehrte Restaurantplätze als Privatpersonen.

Wer beruflich weiterkommen will in der DDR, hat viele Möglichkeiten. In den besonderen Plänen, die zwischen Betriebsleitung und Betriebsgewerkschaftsleitung ausgehandelt werden, ist auch festgelegt, in welchem Masse die Betriebsangehörigen zu qualifizieren sind. Besonderer Wert wird dabei auf die berufliche Weiterbildung der Jugendlichen und der Frauen gelegt. Die häufigste Form der Weiterqualifizierung ist das Fernstudium, für das die Mitarbeiter tage- oder stundenweise von der betrieblichen Arbeit freigestellt sind. Die Hauptlernarbeit muss jedoch nach Feierabend geleistet werden. Das bedeutet unter Umständen auf Jahre hinaus eine drastische Einschränkung der persönlichen Freizeit. Von innerbetrieblicher Qualifizierung und von der Möglichkeit des Fernstudiums wird reger Gebrauch gemacht. Dass ein DDR-Bürger auf diesem Weg mehrere Berufsabschlüsse in seinem Leben erreicht, ist keine Seltenheit.

Sozialistischer Wettbewerb: Arbeitshelden, Plansilvester, Verkaufskultur und Schrottpläne

Den Namen Adolf Hennecke kennt in der DDR jeder. Die Älteren haben selbst erlebt, wie er gefeiert wurde, die Jüngeren lernen über seine Meisterleistung in der Schule. Adolf Hennecke war der erste «Held der Arbeit». Der bis dahin unbekannte Steinkohlehauer überbot in einer Sonderschicht am 13. Oktober 1948 den Plan mit 387 Prozent. Sein Name wurde zu einem Synonym für übermässiges Schuften. Ein neues Wort entstand: «hennecken». Fünf Jahre nach dieser Superschicht versprach die Textilarbeiterin Frieda Hockauf, die ohnehin ihr Plansoll immer übererfüllte, noch einmal zusätzlich 45 Meter Stoff in einer Schicht zu weben. Die heute noch gültige SED-Parole «So wie wir heute arbeiten, werden wir morgen leben», wird ihr zugeschrieben. Kurze Zeit später forderte der Dresdener Arbeiter Rudi Rubbel «öffentliche Betriebsüberprüfungen». Sie wurden prompt eingeführt.

Die SED hat sich solche «Helden der Arbeit» – das ist eine offizielle, sehr hohe Auszeichnung – immer wieder geschaffen. Sie wurden systematisch für ihre Spitzenleistungen aufgebaut, auch wenn die Parteipresse glauben machen will, dass es sich um spontane Entschlüsse dieser Leute gehandelt haben soll. Den anderen Arbeitern sollen sie ein Vorbild sein und auch diese zu Höchstleistungen animieren. Denn das Stiefkind der DDR-Wirtschaft heisst Arbeitsproduktivität. Doch solche Helden bewirken nicht viel. Zumal von diesen «Helden» bekannt ist, dass sie hinterher nicht mehr viel in ihrem Beruf geleistet haben. Alle stiegen in Wirtschafts- und Parteiämter auf. Hennecke wurde Abteilungsleiter im Energieministerium, Rubbel sogar Kombinatsdirektor. Auch die anderen Arbeitshelden haben gute Karrieren gemacht.

Wirkungsvoller ist da der «sozialistische Wettbewerb» in den Betrieben. Einzelne Brigaden, Abteilungen und ganze Betriebe stehen untereinander im Wettbewerb. Sie setzen sich Pläne – oder bekommen sie gesetzt – und streben nach Übererfüllung. Vom Grad der Erfüllung und der Übererfüllung hängen die Jahresendprämien ab, die alle erhalten, die in einer erfolgreichen Brigade arbeiten. Diese Prämie entspricht einem dreizehnten Monatsgehalt. Schon Schüler werden mit dieser sozialistischen Variante der Konkurrenz vertraut gemacht. Die Schulklassen überbieten sich mit ihren Verpflichtungserklärungen – beispielsweise, um einen bestimmten Klassennotendurchschnitt zu erreichen oder in der Freizeit eine bestimmte Menge Altstoffe zu sammeln – und wetteifern mit den anderen Klassen. Am Jahresende wird in Schulen und Betrieben «abgerechnet». Doch das, was da auf dem Papier steht, darf man oft nicht so wörtlich nehmen. Denn häufig wird getrickst.

An Betrieben werden die «Planziele» öffentlich verkündet. Ob sie eingehalten werden, ist schwer überprüfbar.

In der DDR gibt es immer wieder Versorgungsengpässe – nicht nur in den Geschäften des Landes. Auch Betriebe leiden darunter, vor allem, wenn sie von Zulieferern abhängig sind. Einmal sind es Planrückstände der anderen, die der eigenen Planerfüllung im Wege stehen, ein anderes Mal sind es Rohstoffe, die für westliche Devisen eingekauft werden müssen und für die das Geld manchmal ausgegangen ist. Oder es sind Ersatzteile für westliche Technologie, die wegen der permanenten Devisenknappheit gerade nicht eingekauft werden können. Dann stehen Maschinen still, und die Produktion kommt ins Stocken.
Solche systembedingten Fehlerketten machen sich viele Betriebe zunutze, um sich bei der Planabrechnung Vorteile zu verschaffen. Ein Beispiel: Eine Firma stellt Aufzüge für Neubauten her. Mit ihrer Produktion ist sie in Verzug geraten. Ein Mitarbeiter wird abgestellt, die zu beliefernden Baustellen abzufahren, um die dortigen Planrückstände festzustellen. Heimlich, versteht sich. Danach erhalten die Bauträger Mahnschreiben, sie sollten endlich die bestellten Fahrstühle abholen. Diese antworten erwartungsgemäss, dass sie die Fahrstühle (die es gar nicht gibt) «leider» noch nicht übernehmen können, weil sie mit dem Bau noch nicht weit genug sind. Die Baufirma bekommt eine Konventionalstrafe. Der Aufzughersteller kann also nachweisen, dass der Rückstand nicht sein Verschulden ist und rechnet nicht die Zahl der gebauten Fahrstühle, sondern die Einnahmen ab. Der Plan gilt als erfüllt, obwohl die geplanten Fahrstühle gar nicht gebaut wurden. Die Baufirma ihrerseits wird die Schuld für den Rückstand ebenfalls auf andere abwälzen. Tut sie es nicht, bekommt sie Ärger mit ihren Arbeitern. Denn die haben die Jahresprämie eingeplant und wollen nicht darauf verzichten.
In der ganzen Planerstellung und Planabrechnung gibt es Abläufe und Begriffe, die es Westeuropäern schwer machen, den Vorgang zu durchschauen. Ein Betrieb, der schon «vorfristig» seinen Jahresplan erfüllt, wird unter dem Stichwort «Plansilvester» von den Medien gross als beispielhaft herausgestellt. Solche Berichte sind nach diesem Muster formuliert: «Am 2. Dezember feierte die Brigade ‹Roter Oktober› in Randow Plansilvester. Das Jahresplansoll von 60 000 Litern Milch wurde schon vorfristig erreicht, und das bei einem um 1,5 Prozent gesenkten Futtermitteleinsatz und 2,8 Prozent geringerem Energieverbrauch. Für das nächste Jahr nahm sich die Brigade eine weitere Leistungssteigerung vor...»
Tatsächlich sind alle Arbeitskollektive, Betriebsleitungen und Gewerkschaftsorganisationen an der Aufstellung der Pläne beteiligt. Dies wird als «aktive Mitbestimmung der Werktätigen» bezeichnet. Allerdings wird oft berichtet, dass die Planziele «von oben» vorgegeben werden, so dass die Arbeitnehmer eigentlich nur die Wahl haben, den Vorgaben zuzustimmen oder sie noch zu überbieten. Häufig ist auch zu hören, dass die Planziele möglichst niedrig angesetzt werden, weil sie dann um so leichter zu erfüllen und überzuerfüllen sind – was öffentliches Lob und Prämien einbringt.

Im Handel führen die «Wettbewerbsverpflichtungen» bisweilen zu kuriosen Ankündigungen, die auf Schildern in den Schaufenstern ausgehängt werden. Da heisst dann zum Beispiel eine Standardformulierung, das Verkaufspersonal habe sich verpflichtet, «den Umsatz zu erhöhen und die Verluste zu senken und die Wünsche der Kunden möglichst zu erfüllen». Offenbar sind dies im DDR-Sozialismus keine Selbstverständlichkeiten. Sonst würden sich nicht die Kollektive zu «äusserster Pünktlichkeit», zu «hoher Verkaufskultur» oder zu «exakter Lagerhaltung» verpflichten müssen.
In manchen Fällen führt der Zwang zur Planerfüllung zu merkwürdigen Verrenkungen. In einem Metallverarbeitungsbetrieb hatten sich die Arbeiter im Wettbewerb «zur höchstmöglichen Ausnutzung des Materials» verpflichtet. Tatsächlich wurde so erreicht, dass beim Zuschneiden von Teilen aus Metallplatten kaum noch Abfall entstand. Andererseits hatte sich aber die Betriebsleitung verpflichtet, wie im Vorjahr eine bestimmte Menge Metallabfälle zur Schrottverwertung abzugeben. Als die übergeordnete Planbehörde auf «Einhaltung des Schrottplans» bestand, weigerten sich die Werktätigen, ihre sparsamen Verarbeitungsmethoden aufzugeben. Der Betrieb musste eine Konventionalstrafe «wegen Nichterfüllung des Schrottplans» bezahlen.

Konfliktkommissionen: Erziehen, nicht strafen

Der Lagerarbeiter H. wird von seinen Kollegen geschätzt. Er ist hilfsbereit, zuverlässig, und auch seine Vorgesetzten hatten bisher keinen Grund zur Klage. Doch in einer Nachtschicht rempelt er ein Regal um. Teure, empfindliche Produkte fallen zu Boden. Vieles geht zu Bruch. Der Schaden ist nicht unerheblich. Was bis dahin keiner merkte: Kollege H. trinkt. Auch in dieser Nacht hatte er schon eine Menge zu sich genommen. In der Wodkaflasche, die in seiner Tasche gefunden wird, ist nur noch ein kleiner Rest. Alkohol am Arbeitsplatz ist strengstens untersagt. Der Betrieb fordert die Wiedergutmachung des angerichteten Schadens.

Auch das Ehepaar M. hatte sich noch nie etwas zuschulden kommen lassen. Während die Eltern im Betrieb zuverlässig und pünktlich ihrer Arbeit nachgehen, schwänzt die Tochter immer wieder einmal die Schule. Als sich die Vorfälle häufen, wendet sich die Schule an den Betrieb, in dem Mutter und Vater arbeiten. Die Berufstätigkeit beider Eltern erschwert zwar die Einhaltung der Aufsichtspflicht, entbindet sie aber nicht davon. Wie auch Herr H. werden die beiden vor die Konfliktkommission ihres Betriebes geladen.

Solche «gesellschaftlichen Gerichte» – wie die Konfliktkommissionen in den Betrieben und die Schiedskommissionen in den Wohngebieten genannt werden – behandeln Rechtsverletzungen mit geringem Streitwert oder Schaden. Dazu zählen auch Ladendiebstähle, Beleidigungen, leichte Körperverletzungen oder Sachbeschädigungen, Alkohol am Steuer (in der DDR gelten 0,0 Promille) und Schulpflichtsverletzungen. Auch einfache arbeitsrechtliche Fälle werden dort behandelt: Arbeitsbummelei ebenso wie beispielsweise die Forderung eines Mitarbeiters nach mehr Urlaub, den der Betrieb aber nicht gewähren will.

Wer vor die Konfliktkommission zitiert wird, dem bleibt vorerst eine Gerichtsverhandlung erspart. Da die Strafen, die dort verhängt werden, nicht als Vorstrafen erscheinen, wird ein möglicher krimineller Kreislauf, der oft mit kleinen Delikten beginnt, erst gar nicht in Gang gesetzt. Doch mancher, der vor der Kommission erscheinen muss, hätte lieber vor einem ordentlichen Gericht gestanden. Denn was dort verhandelt wird, entzieht sich weitestgehend der Öffentlichkeit. Bei den Konfliktkommissionen ist das ganz anders: Die Sitzungen finden im Betrieb statt und sind öffentlich. Sie werden am Schwarzen Brett angekündigt. Auch der Name dessen, der angehört werden soll, wird bekanntgegeben. Für viele ist es sehr peinlich, wenn die Kollegen von den Fehltritten erfahren. Denn auch die «Richter» sind Mitarbeiter aus

dem Betrieb. Es sind ehrenamtliche, gewählte Mitglieder, die in Kursen unter der Leitung der dafür zuständigen Gewerkschaften für ihre Arbeit geschult werden. Der oberste Grundsatz, den sie dort lernen: Eine Konfliktkommission soll keine Strafen verhängen, sondern erziehen.
Dementsprechend sind dann auch die Auflagen, die die «Verurteilten» erhalten. Wer Sachschaden angerichtet hat, muss ihn wiedergutmachen. Wer andere verletzt hat, muss Schmerzensgeld zahlen. Meist wird er zusätzlich zu gemeinnütziger Arbeit verpflichtet. Auch ein Vertreter des Arbeitskollektivs wird gehört, wenn sich jemand vor der Kommission rechtfertigen muss. Dessen Einschätzung zur Person hat grosses Gewicht. Das ist auch bei Verhandlungen vor ordentlichen Gerichten so. Wenn dort ein Betriebsvertreter positiv aussagt und das Arbeitskollektiv vielleicht sogar eine Bürgschaft für den Angeklagten übernimmt, sich also verpflichtet, ihn zu unterstützen und ihn wiedereinzugliedern, dann hat das strafmildernde Wirkung.
Wenn arbeitsrechtliche Fragen zu klären sind, dann wird den Konfliktkommissionen oft vorgeworfen, sie entschieden zu positiv für die Belange des Betriebs. Insgesamt sind die Menschen aber froh, eine solche Einrichtung zu haben, bei der sie bei kleineren Verstössen doch noch mit «einem blauen Auge davonkommen».

Braunkohle: «Schwarzes Gold» verändert die Umwelt

Senftenberg im Niederlausitzer Bergbaugebiet südwestlich von Cottbus ist ein unauffälliger Ort. Eine Industriearbeiterstadt wie viele andere: 31 000 Einwohner, altes Schloss, Heimatmuseum, das «Theater der Bergarbeiter», ein Neubaugebiet mit den üblichen Wohnblöcken, am Stadtrand schon ländliche Atmosphäre, nichts Aufregendes. DDR-Durchschnitt eben. Bis vor einiger Zeit machten Touristen noch einen grossen Bogen um diese Gegend. Aber seit ein paar Jahren hat Senftenberg eine Attraktion. Rund 30 000 Menschen bevölkern an warmen Sommerwochenenden den Senftenberger See – ein Erholungsgebiet mit kilometerlangen Sandstränden, Fischteichen, Ferienheimen und Sportmöglichkeiten, inmitten junger Wälder und neuem Ackerland. Der Zugang zum See ist rundum frei. Weder Schilf noch Zäune, auch keine Boots- oder gar Privathäuser, schränken die Badegäste ein, die all diese Herrlichkeit geniessen.

Kaum zu glauben: Diese künstliche Idylle entstand aus einem riesigen, tiefen, schwarzbraunen Loch. Hier wurde Braunkohle gefördert. Von dem gewaltigen Eingriff in die Natur am Rande Senftenbergs und von den gigantischen Abraumhalden ist nichts mehr zu ahnen.

In den nächsten Jahren sollen nicht nur hier, im Zentrum des Cottbuser Braunkohlegebiets, sondern auch in den Nachbarbezirken Leipzig und Halle solche «Bergbaufolgelandschaften» entstehen. Die Planungen der Landschaftsarchitekten reichen bis weit ins nächste Jahrtausend hinein. «Die übernächste Generation wird eine völlig veränderte Landschaft vorfinden», heisst es in kühnen Voraussagen, die heute ebenso auf Zweifel stossen wie vor 20 Jahren bei den Senftenbergern. Tatsächlich, wer am Rand eines Braunkohletagebaus steht und sieht, wie die mammutähnlichen Förderbagger Tag und Nacht die Erde durchwühlen, kann sich die Wandlung kaum vorstellen. Unwirkliche Kraterlandschaften werden zu Erholungs-, Acker- und Weideland. Die ökologischen und meteorologischen Auswirkungen dieser Umformung einer ganzen Region sind freilich unabsehbar.

Neben Kali und Uran, das allerdings ausschliesslich in die Sowjetunion abtransportiert wird, ist das «schwarze Gold der DDR» der einzige bedeutende Rohstoff. Lediglich zwei Prozent des gesamten Braunkohlevorrats der Erde lagern in den drei Kohlebezirken der DDR. Doch dort wird ein Drittel der Weltfördermenge abgebaut! Die Braunkohle beschäftigt 100 000 Menschen in 33 Tagebauen und 36 Brikettfabriken. Die DDR setzt auf Braunkohle als «Energieträger Nummer eins».

1980 wurden 80 Prozent der Elektroenergie, 80 Prozent der Wärmeenergie und 40 Prozent des energetischen Gases aus der Braunkohle gewonnen. Die Atomenergie spielt eine untergeordnete Rolle. Die DDR hat nur zwei Kernkraftwerke (bei Rheinsberg und bei Greifswald), ein drittes ist in der Nähe von Stendal im Bau. Erdöl als Energieträger hat kaum Bedeutung. Die DDR kann nur eine festgesetzte, ohnehin nicht ausreichende Menge Erdöl gegen konvertierbaren Rubel – das ist die Verrechnungseinheit des sozialistischen Wirtschaftsverbundes RGW (Rat für gegenseitige Wirtschaftshilfe) – von der UdSSR beziehen. Alles, was sie darüber hinaus benötigt, muss in harten Dollars bezahlt werden. Und westliche Valuten sind knapp. So war die Entscheidung für die Braunkohle binnenwirtschaftlich folgerichtig. Der Abbau soll sogar noch vergrössert und beschleunigt werden.
Hier steht allerdings Ökonomie gegen Ökologie. Es gibt nur lückenhafte offizielle Angaben über die Schadstoffbelastung der Seen, Wälder und der Luft. Doch sie ist hoch, vor allem die Belastung durch Schwefeldioxid. Für das Jahr 1973 errechneten Experten im Westen eine SO_2-Belastung von 0,25 Tonnen im Jahr für jeden DDR-Bürger (im gleichen Jahr lag die Belastung der Westdeutschen bei 0,06 Tonnen). Dazu kommt die Staubbelastung: 10 bis 15 Millionen Tonnen Asche werden alleine durch die Braunkohleverbrennung jedes Jahr in die Luft geblasen.
Wer im Winterhalbjahr in der DDR reist, hat das Gefühl: Da bleibt einem ja die Luft weg! Kein Wunder, denn die Hälfte der Luftbelastung in dieser Zeit kommt durch den Hausbrand. In der DDR sind heute erst etwa ein Drittel aller Wohnungen mit Zentralheizungen ausgestattet. Aber auch die Fernwärme wird fast ausschliesslich aus der Braunkohle gewonnen.
Nicht nur die DDR selbst ist von der schlechten Luft betroffen, sondern auch West-Berlin, das ja mittendrin liegt, und die Nachbarländer haben darunter zu leiden. Durch die «Politik der hohen Schornsteine» hat sich zwar die Situation in der DDR etwas verbessert. Dafür leiden nun skandinavische Wälder und Seen unter dem, was aus den Schloten der Kraftwerke und Chemieanlagen der DDR kommt.
In West-Berlin wurde im Januar 1987 zum erstenmal hart durchgegriffen. Statt der sonst üblichen Smog-Vorwarnstufe, die nur aus Appellen an die Bevölkerung besteht, wurde Smog-Alarm mit Fahrverbot und Auflagen für Industrie und Kraftwerke verhängt. Es war sonniges Winterwetter, aber die Luft war austauscharm. Während ARD und ZDF vom Fahrverbot in West-Berlin berichteten, kamen aus dem DDR-Fernsehen ganz andere Töne. Von schönem Winterwetter war die Rede, das viele Spaziergänger hinaus in die Natur lockte. Und die noch immer in ihrer Mehrzahl fortschritts- und technologiegläubigen DDR-Bürger bestiegen ihre Trabbis und Wartburg und fuhren «raus». Die Trabant-Kleinwagen aus der ostdeutschen Produktion haben Zweitaktmotoren, die mit einem Benzin-Öl-Gemisch fahren und die Luft spürbar und riechbar belasten.

Nachfolgende Doppelseite: Riesige Bagger fördern Tag und Nacht Braunkohle. Aus dieser Kraterlandschaft in der Nähe von Cottbus soll ein Erholungspark werden.

Doch auch in der DDR gab es erste Reaktionen. In Dresden wurde «Industrienebel-Alarm» ausgerufen. Die Bevölkerung wurde aufgefordert, die Fenster geschlossen zu halten. Auflagen für die Industrie gab es hingegen keine.
Bei Inversionswetterlagen müsste nicht nur auch in Ost-Berlin, sondern vor allem in Halle, Leipzig und Bitterfeld Smog-Alarm gegeben werden. In diesem Städtedreieck stehen nicht nur braunkohleverarbeitende Kraftwerke, dort ist auch das Zentrum der Chemieindustrie. In den chemischen Werken von Bitterfeld und Wolfen fehlen noch heute einige Filteranlagen. Nach dem Krieg wurden sie von den Sowjets demontiert und bis heute nicht wieder eingebaut.
Eigentlich hat die DDR die beste Umweltgesetzgebung aller Industrienationen. Die Belastungsnormen sind am strengsten. Doch sie werden nicht eingehalten. Betriebe müssen Konventionalstrafen zahlen, wenn sie den «Umweltplan» nicht erfüllen. Doch die Strafen für nicht erfüllte Produktionspläne sind höher. Ökonomie kontra Ökologie.
Die Braunkohle, die heute gefördert wird, wird immer schlechter. Der Wassergehalt erhöht sich, weil mehr Erdschichten abgetragen werden müssen, um sie abzubauen, und der Schadstoffgehalt steigt ebenfalls. Das Schlimmste ist: Der Heizwert sinkt. Mit modernsten Anlagen könnte die DDR relativ schadstoffarm und mit hohem Heizwert selbst diese Kohle verarbeiten. Doch es fehlt ihr an Technologie und vor allem an westlichen Devisen, um sie einzukaufen. So bleibt vorerst nichts anderes übrig, als immer grössere Mengen zu fördern und zu verfeuern.
Dörfer und Äcker müssen den Kohlebaggern weichen. Bis zum Jahr 2000 wird ein Fünftel des Bezirks Cottbus umgekrempelt sein. Bis dahin werden 30 Gemeinden verschwinden. Die Umsiedlung der Bevölkerung wird lange im voraus geplant. Die Menschen werden in Neubausiedlungen und in begrenzter Zahl auch in Eigenheime «umgesetzt». Für die meisten verbessern sich die Lebensbedingungen, denn die Wohnsituation in der Bergbauregion ist vor allem dort schlecht, wo feststeht, dass in absehbarer Zeit die Kohle abgebaut werden soll. Keiner investiert mehr in die Häuser. Die jungen Leute sind leicht zum Umzug zu bewegen, doch die Alten bleiben fast alle bis zum letzten Moment. Auch dann, wenn die riesigen, kreischenden Bagger-Ungetüme schon wenige Meter entfernt Tag und Nacht arbeiten.
Wer ein Häuschen und Grund und Boden besitzt, wird günstig entschädigt. Wie gut, darüber wird nicht gesprochen. Es scheint also, dass die Abfindungen

reichlich sind. Aber man sagt auch, früher sei es mehr gewesen. Da hiess es in den Bergbauregionen: «Mit der Kohle gute Kohle machen.» Wer sich jedoch konsequent weigert, aus seinem Haus auszuziehen, wird im Zweifelsfall enteignet.

Wenigstens für die Alten sind die «Bergbaufolgelandschaften», die einmal auf ihrem Gebiet entstehen sollen, kein Trost. Ganz unumstritten sind diese Landschaftsumgestaltungen nicht. Experten erwarten möglicherweise eine Veränderung des Klimas. Schon jetzt gibt es Anzeichen dafür. Das Naturschutzgebiet Borchelsbusch im Bezirk Cottbus war früher ein internationaler Sammelplatz für Kraniche. Jetzt fliegen sie weiter, denn das Moor ist verlandet. Auch das Mikroklima verändert sich. Schon jetzt sind die Sommertemperaturen um ein bis zwei Grad gesunken, und im Winter gibt es kaum noch Fröste.

Auch um Leipzig herum, wo bislang nur schwarzbraune «Mondlandschaft» zu sehen ist, sollen neue Naherholungszentren entstehen. Die Landschaftsarchitekten prophezeien der Stadt in dreissig Jahren ein grünes Umland mit schönen Seen. Dort, wo solche Freizeitparks schon entstehen, reissen sich Betriebe und Privatleute, die noch vor wenigen Jahren die Planer für verrückt erklärten, um die Seeufer. Die einen wollen Ferienbungalows für ihre Mitarbeiter, die anderen ihre Datsche (DDR-Bezeichnung für ein Grundstück mit Gartenhäuschen) dorthin bauen. Anfang der achtziger Jahre wurde in der DDR die «Gesellschaft für Natur und Umwelt» gegründet, um wachsendes ökologisches Interesse zu kanalisieren. Die Aufgabe der Gesellschaft ist jedoch nicht der Umweltschutz im westlichen Sinne. Denn das ist eine staatliche Angelegenheit, in die sich die Verantwortlichen nicht hineinsehen und hineinreden lassen. Die Aufgabe der Gesellschaft ist die Landschaftspflege. So sind auch «Bergbaufolgelandschaften» mögliche Betätigungsfelder für die Mitglieder.

Wahlen: Wählen heisst zustimmen

Wenn wieder einmal ein Wahltag näherrückt, dann gibt es in der DDR Merkwürdiges zu sehen. In einem Quedlinburger «Konsum»-Laden taten die Mitarbeiter vor der Kommunalwahl 1984 ihre Absichten öffentlich im Schaufenster kund. In ihrer «Wettbewerbsverpflichtung» hiess es, das Verkaufspersonal wolle den Umsatz erhöhen, die Wünsche der Kunden «möglichst» erfüllen und ein «bedarfsgerechtes Sortiment» führen. Und schliesslich: «Wir haben uns im Kollektiv das Ziel gestellt, am 6. Mai geschlossen bis 8 Uhr unsere Stimmen den Kandidaten der Nationalen Front abzugeben». Im Nachbarladen etwas Ähnliches: «Durch frühzeitige Stimmabgabe am 6. Mai 1984 beweisen wir unser Vertrauen zur Friedenspolitik unseres Staates.» Die in Potsdam erscheinende «Märkische Volksstimme» berichtete von einer Rentnerin aus dem Kreis Gransee, die bei jeder Wahl schon um sechs Uhr morgens am Wahllokal ansteht, um ja die erste zu sein, wenn um sieben Uhr geöffnet wird. Denn wer als erster kommt, wird mit einem Strauss roter Nelken begrüsst.

Im Fünfjahresrhythmus wird gewählt. Kommunalwahlen fanden 1984, die Volkskammerwahl 1986 statt. Einen Wahlkampf im westlichen Sinne gibt es nicht. In der DDR kämpfen nicht die Kandidaten verschiedener Parteien gegeneinander, sondern gemeinsam für die Zustimmung zur Regierungspolitik. Die Aufforderungen auf den Wahlplakaten sind simpel und lassen sich so zusammenfassen: «Wählt die Kandidaten der Nationalen Front.» Einzelne Abgeordnete oder Politiker spielen dabei keine Rolle.

Seit der Gründung der DDR steht die Zusammensetzung der Volkskammer sowie der Regional- und Kommunalparlamente fest. Die Sitzverteilung, einmal nach einem bestimmten Schlüssel festgelegt, wird nicht mehr verändert. Entsprechend den Fraktionsstärken werden Kandidaten aufgestellt. Sie können im Vorfeld der Wahl, wenn sie sich in Versammlungen nicht bewähren, ausgetauscht werden. Das kommt höchst selten vor. Aber wenn ein Kandidat bei den Wählern nicht ankommt und dieser ist beispielsweise von der SED, dann wird lediglich ein neuer Bewerber dieser Partei aufgestellt. Das gleiche gilt für die anderen Parteien und Massenorganisationen, die in den Volksvertretungen sitzen. In den Parlamenten sind nicht nur die Parteien – SED (Sozialistische Einheitspartei), CDU (Christlich Demokratische Union), LDPD (Liberal-Demokratische Partei), NDPD (National-Demokratische Partei) und DBD (Demokratische Bauernpartei) – vertreten, sondern auch einige der sogenannten Massenorganisationen: die FDJ (Jugendverband), der FDGB (Gewerkschaft), der Kulturbund und der DFD (Frauenverband). Sie alle sind in der «Nationalen Front» zusammengefasst. Und weil die Zusammensetzung ohnehin feststeht, man darauf keinen Einfluss mehr hat, besucht auch kaum jemand eine Wahlveranstaltung, bei der zumindest noch über einzelne Personen entschieden werden könnte.

Die SED hat als Fraktion optisch nirgends die Mehrheit. Doch von den Vertretern der Massenorganisationen sind viele gleichzeitig Mitglieder der Einheitspartei, so dass letztlich überall SED-Majoritäten gesichert sind. Die anderen Parteien verstehen sich selbst als Partner der SED, die deren Politik mittragen. So wird die Fortsetzung der Politik garantiert, über deren Inhalt bei den Wahlen nicht abgestimmt werden kann.

Die Volksvertretungen selbst haben keine politische Macht. Wenn sie zusammentreten, stimmen sie Gesetzesvorlagen zu. Das geschieht stets einstimmig. Nur ein einziges Mal in der Geschichte der Volkskammer wurde ein Gesetz mit Gegenstimmen angenommen: Als 1972 über die Legalisierung des Schwangerschaftsabbruchs entschieden wurde, gab es Nein-Stimmen aus der CDU-Fraktion. In der DDR-CDU sind Christen, auch Pfarrer, organisiert.

Normalerweise geht es aber nicht um Abstimmung, sondern um Zustimmung. So ist es auch am Wahltag. Alle Wahllokale sind mit einer Wahlkabine ausgestattet. Die aber benutzt kaum jemand. Meist steht sie in einer Ecke und ist schwer zugänglich. Nicht selten steht auch noch der ABV in der Nähe – das ist der «Abschnittsbevollmächtigte der Volkspolizei», so eine Art Bürgerpolizist.

Ein Wahlvorgang spielt sich in der DDR meist so ab: Der Wähler oder die Wählerin betritt das Wahllokal und zeigt die Wahlbenachrichtigung und den Personalausweis vor. Der Name wird auf der Liste abgehakt, und der Stimmzettel wird ausgegeben, auf dem alle Kandidaten der Einheitsliste des Wahlbezirkes stehen. Diesen Zettel wirft man *unbesehen einmal gefaltet* in die Urne und geht wieder. Nur wenige benutzen den Schirm, um einen oder mehrere Kandidaten durchzustreichen. Als «Nein» wird nur ein Stimmzettel bewertet, auf dem der jeweilige Kandidat oder alle Kandidaten einzeln quer durchgestrichen sind. Ein schräger Balken wird als ungültige Stimme gezählt. Aber ungültige oder Gegenstimmen sind sowieso die Ausnahme. 99,9 Prozent kann die «Nationale Front» meist für sich verbuchen. Am Montag nach der Wahl steht dann in der Zeitung, die Wähler hätten die Einheitsliste bestätigt, und dies sei ein «machtvolles Bekenntnis der Bürger zur bewährten Politik unseres Staates».

Wählen ist Bürgerpflicht in der DDR. Anhand der Wahllisten lässt sich leicht feststellen, wer nicht oder noch nicht gewählt hat. Ab 16 Uhr kommen freiwillige Helfer an die Wohnungstüren und erinnern an die Wahlpflicht. Wer nicht wählt, muss mit einem Eintrag in die «Kaderakte» rechnen. Das ist die Personalakte, die einen DDR-Bürger sein ganzes Leben lang begleitet. Bei den wenigsten hat Nichtwählen direkte Folgen. Doch wenn Beförderungen anstehen oder die Kinder auf die Erweiterte Oberschule (Abiturstufe) gehen sollen, dann spielt es eben doch eine Rolle.

Das Wahlergebnis steht immer schon vorher fest: 99,9 Prozent für die SED und die ihr verbundenen Organisationen.

Briefwahl gibt es in der DDR nicht. Gewählt wird im zuständigen Wahllokal des Wohngebietes, aber auch in Krankenhäusern, Altersheimen, in Kasernen oder auf hoher See. Wer am Wahltag verhindert ist, kann in Sonderwahllokalen «vorwählen», die ungefähr vier Wochen vor dem eigentlichen Wahltermin ihre Tore öffnen. Schon bei der Vorbereitung der Wahl soll auf potentielle Nichtwähler Einfluss genommen werden. Tausende von Wahlhelfern, in ihrer überwiegenden Zahl SED-Mitglieder, und die Vorsitzenden der Hausgemeinschaftsleitungen der Wohnhäuser, verteilen die Wahlkarten. Auf einem Rücklaufbogen muss der Helfer eintragen, ob er die Bewohner angetroffen hat und ob die Daten mit dem Personalausweis übereinstimmen. Der Helfer soll auch ein Gespräch mit den Bürgern führen und ihre Anliegen notieren. In dieser Vorphase der Wahl wird auch die Stimmung in der Bevölkerung getestet.
Gegenstimmen sind ein Gradmesser für schlechte Stimmung. Immerhin gibt es in den Grossräumen Berlin, Potsdam und Leipzig für DDR-Verhältnisse viele Nichtwähler und Gegenstimmen. Bei der Volkskammerwahl 1979 sind in Leipzig 40 000 Menschen nicht zur Wahl gegangen, und rund vier Prozent haben mit «Nein» gestimmt. Das sind Alarmsignale für die SED. Vielleicht wäre die Zahl der Nichtwähler noch etwas höher, wenn im Vorfeld der Wahl nicht mancherorts geschummelt würde. Notorische Nichtwähler, aber auch Leute, die in der Friedensbewegung aktiv sind, bekommen gar keine Wahlkarten. Wenn sich diese dann nicht selber darum kümmern, erscheinen sie in der Statistik auch nicht als Wahlberechtigte. Und 100 Prozent sind diejenigen, die eine Wahlaufforderung bekommen haben.
Wahlen bewirken keine politischen Veränderungen im Grossen, sind aber manchmal hilfreich im Kleinen. In den Wahlversammlungen bringen die Bewohner ihren Ärger über Missstände im Wohngebiet zum Ausdruck. Solche Beschwerden im Vorfeld der Wahl sind wirkungsvoll. Und manche benutzen die Wahl, um private Dinge zu regeln. Mit der Ankündigung «Ich gehe nicht zur Wahl» kann die Zusage für eine langersehnte Neubauwohnung oder ein schon seit langem beantragtes Telefon (Wartezeit bis zu 15 Jahren) beschleunigt werden. Oder man kann mit dieser Drohung die Reparatur des Daches im Mietshaus erwirken. Auf Beschwerden aus der Bevölkerung reagieren die Behörden vor einer Wahl sensibler als sonst. Ein Zauberwort ist die «Wahleingabe». Wer einen Missstand abstellen oder ein Recht durchsetzen will, schreibt an die zuständige Behörde und teilt mit, «dass nur im Falle eines positiven Bescheids mit einer Teilnahme an der Wahl zu rechnen ist». Das bewirkt oft Wunder...

Fernsehen: Mehr Unterhaltung, weniger Agitation

In einem Land, dessen Regierung den Marxismus-Leninismus zur massgebenden Theorie erhoben hat, sollte – wenn schon die Marxschen Auffassungen zur Pressefreiheit unterschlagen werden – wenigstens diese Lehre Lenins gelten: Eine kommunistische Partei, die die Macht erobert hat und behalten will, muss den Propagandaapparat beherrschen. Die besonderen Bedingungen im geteilten Deutschland erschweren der SED aber die Durchsetzung dieser Forderung. Die kommunistische Partei in der DDR kann eben nicht den Informationsstand der Bevölkerung allein bestimmen. Sie muss damit leben, dass äussere Einflüsse, die sie nicht abwehren und kaum beeinflussen kann, das Meinungsbild im Lande prägen. Die westdeutschen Fernseh- und Rundfunksender sind fast überall in der DDR zu empfangen. Und fast alle sehen und hören zu.

Als Richtschnur für Presse, Rundfunk und Fernsehen gilt eine andere Handlungsanleitung Lenins: Die Parteizeitungen müssten «kollektive Propagandisten, Agitatoren und Organisatoren» sein. Das bedeutet, sie sollen als Agitator die kommunistische Ideologie verbreiten, als Propagandist die Tagespolitik der SED erläutern und als Organisator die Werktätigen zu höheren Arbeitsleistungen anspornen. Wer die Parteipresse und die politischen Sendungen des staatlichen Rundfunks und Fernsehens kennt, der weiss, warum sich die meisten DDR-Bürger lieber aus westlichen Programmen informieren lassen. Der totale Informationsanspruch der Partei wirkt belehrend, erzeugt Langeweile und bewirkt oft sogar das Gegenteil seiner Absicht, nämlich Unglaubwürdigkeit.

Die «Aktuelle Kamera», die abendliche Nachrichtensendung des DDR-Fernsehens, wird aus diesen Gründen von den meisten Zuschauern geschnitten. Die Einschaltquote liegt unter zehn Prozent.

Während der Erntezeit beginnt fast jede Sendung mit ausführlichen Berichten von der «Erntefront». Gezeigt wird, wie Mähdrescherkolonnen über die riesigen Getreidefelder rollen. Der Sprecher oder die Sprecherin teilt mit, wieviel Weizen oder Roggen an diesem Tag geborgen wurde und ob der Staatsplan erfüllt worden ist.

Zum Ablauf des Planjahres beginnen die Nachrichten mit Berichten über vorbildliche Betriebe, die ihre Pläne schon erfüllt oder gar überboten haben. In jeder «Aktuellen Kamera», die im Ersten Programm von 19.30 bis 20.00 Uhr dauert und im Zweiten Programm um 21.00 Uhr unverändert wiederholt wird, werden mehrere längere Nachrichten und Filme aus der Produktion

gebracht – ausschliesslich positiven Inhalts und stets mit einem Lob für die SED-Politik verbunden.
Wenn Staatschef Honecker in ein anderes Land reist, sind dafür normalerweise 25 der 30 Sendeminuten reserviert. Das gleiche gilt für alle Staatsbesuche in der DDR – ganz gleich, ob aus einem kleinen oder einem bedeutenden Land. Wenn der Botschafter eines anderen Staates in Ost-Berlin akkreditiert wird, was westliche Medien nur nebenbei registrieren, ist das dem DDR-Fernsehen grundsätzlich einen Aufmacher wert. Hat das SED-Zentralkomitee getagt, verlesen eine Sprecherin und ein Sprecher im Wechsel die ellenlangen Fassungen der dort gehaltenen Reden, die von der staatlichen Nachrichtenagentur ADN verbreitet werden. Originalaufnahmen oder -töne aus dem ZK hat es noch nicht gegeben.
Kritik am eigenen Staat gibt es in der «Aktuellen Kamera» nicht, allerdings werden in verschiedenen Magazinsendungen Missstände aufgegriffen und angeprangert. Reichlich werden statt dessen negative Meldungen über die westlichen kapitalistischen Länder, allen voran über die Bundesrepublik, verbreitet. Die Berichte aus der BRD handeln überwiegend von Aufrüstung, Berufsverboten, Neonazis und Sozialabbau. Die Friedensbewegung und die Gewerkschaften westeuropäischer Länder kommen zu Wort und ins Bild, wenn sie ins politische Konzept der SED-Meinungsmacher passen. Immerhin ist seit einigen Jahren vorsichtig, aber spürbar die grobschlächtige Propaganda gegen die Bundesrepublik Deutschland einer sachlicheren Berichterstattung und gründlicheren Recherche gewichen.
Die westlichen kommunistischen Parteien, und wenn sie noch so winzig und bedeutungslos sind, werden behandelt, als ob sie an der Regierung wären. So ist es kein Wunder, dass sich Zuschauer, die ihre Informationen auch aus dem Westen beziehen und vergleichen können, von den unglaubwürdigen DDR-Programmen abwenden. Früher, genauer und ausführlicher als in westlichen Nachrichtensendungen wird über aktuelle Ereignisse und Hintergründe in Entwicklungsländern berichtet. Hier ist das DDR-Fernsehen eine gute Quelle. Alte Spielfilme, internationale Unterhaltungsfilme, Quiz- und Musiksendungen sowie Sportübertragungen haben die höheren Einschaltquoten. Die Spielfilmproduktion der DEFA ist etwa ein Jahr, nachdem sie in den Kinos anlief, im Fernsehen zu sehen. Die teilweise sehr guten Fernsehspiele des DDR-Fernsehens werden von den meisten Zuschauern erst wahrgenommen und für gut befunden, wenn sie von einer der beiden bundesdeutschen Fernsehanstalten angekauft und ausgestrahlt werden. Die beiden spannendsten Sendereihen des Fernsehens, «Polizeiruf 110» und «Der Staatsanwalt hat das Wort», die nach Akten der Kriminalpolizei und der Staatsanwaltschaft gedreht werden, geben ausgezeichnete, wirklichkeitsgetreue Einblicke in die Lebensverhältnisse der DDR.
Wie viele Fernsehgeräte auf ein Ostprogramm geschaltet sind, wissen nur wenige Eingeweihte auf hoher politischer Ebene. Sogar die Programmacher

selbst werden nur über die Einschaltquoten ihrer Sendungen informiert. Die Gesamtzahlen werden wie Staatsgeheimnisse gehütet. Sie liegen so erschrekkend niedrig, dass die Veröffentlichung eine Blamage wäre.
1982 wurde die Programmstruktur des DDR-Fernsehens radikal zugunsten von mehr Unterhaltung geändert. Unattraktive Sendungen wie die Programme in russischer Sprache, die früher den Donnerstagabend des Zweiten Kanals beherrschten, wurden auf den Nachmittag verschoben. Seitdem dominieren Spielfilme und Musiksendungen das Fernsehprogramm. Ob dadurch in der DDR mehr Zuschauer zum Einschalten der eigenen Medien bewegt wurden, ist im Westen nicht zweifelsfrei zu beantworten. Jedenfalls war die Entpolitisierung des Programms zu den Hauptsendezeiten sicherlich die Folge der Einsicht, dass es dem staatlichen Fernsehen nicht gelungen war, die DDR-Bewohner zu interessieren und zu binden.
Grosser Beliebtheit erfreuen sich aufgrund der internationalen Erfolge der DDR-Athleten die Sportübertragungen. Das Interesse an der westdeutschen Fussball-Bundesliga ist allerdings so gross, dass «Sportschau» und «Sportstudio» ebenfalls hohe Einschaltquoten aufweisen dürften.
Die Sportreporter des DDR-Fernsehens sind fachlich hoch qualifiziert und bei internationalen Wettbewerben sogar unterkühlt kritisch. Aber manchmal schäumt der Patriotismus über, wenn DDR-Sportler gewinnen. Als bei den Olympischen Spielen 1980 Hartwig Gauder als Sieger des 50-Kilometer-Gehens im Moskauer Stadion ankam, überschlug sich Fernsehkommentator Heinz Florian Oertel vor Begeisterung: «Dies ist für uns alle, für uns hier im Stadion, für Sie original am Bildschirm daheim zu Haus, für uns alle nachgerade ein Parademarsch. In der glitzernden Kette der DDR-Geher-Erfolge wird ein neuer Diamant geliefert. Hartwig Gauder, der Fünfundzwanzigjährige vom SC Turbine Erfurt, der liefert ihn. In Erfurt geschliffen, vor allen Dingen von seinem Trainer, dem – ich muss im Bild bleiben – Juwelier in diesem Falle, Siegfried Hermann, dem ehemaligen Meisterläufer. Dank allen, dank allen – im Thüringischen von Ilmenau bis Erfurt kann man glücklich und fröhlich sein mit Extrabratwurst und Dorfmusike. Ein Thüringer holt Olympiagold in Moskau! Die Geher unseres Landes werden überglücklich sein. Das ist ein neuer Triumph! Noch wenige Schritte für Hartwig Gauder! Drei Stunden und 49 Minuten sind vergangen. Gauder – Gaudium – Gauda – Vergnügen für uns – Gold im Gehen! Das jetzt geschehen nach Moskauer Zeit 20.50 Uhr, Heimatzeit 19 Uhr und 50 Minuten.»

Kultur: Sozialistischer Realismus oder Kunst ohne Tabus?

An fehlendem Geld allein kann es in der DDR kaum scheitern, wenn jemand einen Film sehen, ins Theater gehen oder ein Buch kaufen will. In den Ost-Berliner Vorstadtkinos kostet eine Karte 1,05 Mark, in den beiden Uraufführungskinos auf der Karl-Marx-Allee ist sie etwas teurer. Aber 4,05 Mark ist schon der Höchstpreis bei einem aus dem westlichen Ausland importierten Film mit Überlänge. Beste Theaterkarten sind unter 15 Mark zu haben. Auch Literatur ist im allgemeinen preiswert. Unübersehbar ist freilich, dass in den vergangenen Jahren die Bücherpreise schleichend gestiegen sind. Gebundene Romanausgaben kosten zwischen 5 und 25 Mark, Taschenbücher zwischen 2 und 5 Mark. Teuer sind Liebhaberausgaben oder wertvolle Bildbände (60 bis 100 Mark). Kulturgenuss soll im Sozialismus für jeden erschwinglich sein. Deshalb werden die Preise erheblich aus dem Staatshaushalt gestützt.

Die SED hat sich, wie es in ihrem Programm heisst, die Aufgabe gestellt, das «geistig-kulturelle Niveau der Arbeiterklasse» zu erhöhen. Der FDGB hilft dabei. Jeder Betriebsgewerkschaftsleitung gehört ein Kulturobmann an (der auch so heisst, wenn er weiblich ist). Diese Kulturverantwortlichen haben unter anderem die Aufgabe, für die Belegschaftsmitglieder Besuche in Theatern, Kinos und Konzerten oder Ausstellungen zu organisieren. Vor allem in ländlichen Gegenden oder in Kleinstädten ist so ein Anstoss durchaus willkommen. Denn die Kulturobleute besorgen nicht nur Karten für Veranstaltungen im Ort oder in der näheren Umgebung, sondern bieten von Zeit zu Zeit auch Kulturreisen in die Bezirkshauptstadt oder nach Ost-Berlin an – meist gekoppelt mit einem touristischen Ausflug und einem Einkaufsbummel. Die gesamte Kulturpolitik wird zentral vom Ministerium für Kultur und letztlich von der zuständigen Abteilung des SED-Zentralkomitees bestimmt. Dort fallen auch die Entscheidungen, welche Filme von der staatlichen Filmgesellschaft DEFA und welche fürs Fernsehen produziert werden. Von den Kinofilmen sind nur wenige über die Grenzen des Landes hinaus bekannt geworden. Eine solche Ausnahme war der Spielfilm «Solo Sunny» (1980) des Regisseurs Konrad Wolf, der zwar von vielen DDR-Zuschauern nicht verstanden wurde, aber bei der «Berlinale», den West-Berliner Filmfestspielen, einen Sonderpreis bekam.

Die Zuschauer in der DDR bevorzugen Filme aus dem Westen. Das übliche Qualitätsurteil für herausragende einheimische Produkte («Eigentlich ganz gut für die DEFA») ist oft ungerecht und zeigt, wie gering die meisten DDR-Bürger die staatliche Filmgesellschaft schätzen. Viele gehen erst gar nicht hin, wenn ein DEFA-Film auf dem Programm steht, weil sie Vorurteile haben. Nur kulturell überdurchschnittlich Interessierte sehen sich sowjetische Spielfilme an. Sie wissen, dass in der Sowjetunion brisante gesellschaftliche Themen oft früher aufgegriffen werden als im eigenen Land. Doch das breite Publikum ist in erster Linie an Unterhaltungsfilmen und nicht an Problemen interessiert.

Importfilme westlicher Herkunft, die in der DDR laufen dürfen, sind meistens harmlose Unterhaltungsfilme. Renner beim Publikum sind der französische Leinwandkomiker Louis de Funès und die dänischen Jux-Krimis der «Olsen-Bande». Die Kinohits des Jahres 1980 waren die Klassiker «Alexis Sorbas» und «Spiel mir das Lied vom Tod». Fast 20 Jahre mussten die Zuschauer in der DDR auf diese Filme warten. Neuerdings kommen sie zeitiger in den Genuss westlicher Produktionen. Ein bis drei Jahre vergehen, ehe sie gezeigt werden. Aber wenige werden ausgewählt. Da zählt nicht nur die Ideologie, sondern auch das Geld. Diese Filme müssen mit harten Devisen bezahlt werden, und die sind chronisch knapp. Andererseits sind die Filme Spitzenreiter in der Publikumsgunst. 1986 sorgte der ostfriesische Blödelkomiker Otto Waalkes mit seinem Streifen «Otto – Der Film» für lange Schlangen vor den Kinos. Mit wochenlangen Laufzeiten war er der Kassenschlager des Jahres, gefolgt von «Männer». Für 1987 wurde «Jenseits von Afrika» angekündigt, der auf grosses Interesse stiess. Solche Filme garantieren, dass die Zuschauerzahlen einigermassen konstant bleiben. 80 Millionen Kinobesuche wurden 1986 gezählt. Den grössten Anteil daran hatten Jugendliche. Sie gehen durchschnittlich 15- bis 20mal im Jahr in die Lichtspielhäuser. Oft sind die Kinos aber auch gähnend leer. «Willst du mal allein sein, geh ins Kino», heisst ein vielzitierter Scherz.

In jedem Herbst fahren einige tausend Gäste aus dem In- und Ausland nach Leipzig, um bei der «Internationalen Leipziger Dokumentar- und Kurzfilmwoche» die neuesten Produktionen zu sehen. Experimentelle Filme werden kaum gezeigt; in Leipzig kommt es mehr auf die politische Aussage an. Die «Dokfilmwoche» ist nicht nur ein wichtiges Forum für Filmemacher aus der Dritten Welt, sondern auch ein beliebter Treffpunkt der Fachwelt aus Ost und West.

Mit ihrem Schauspiel kann sich die DDR weit über ihre Grenzen hinaus sehen lassen. Das traditionsreiche Deutsche Theater und das Maxim-Gorki-Theater in Ost-Berlin geniessen im Ausland einen ebenso guten Ruf wie etwa die Staatsoper oder die Komische Oper.

Am bekanntesten ist zweifellos das Brecht-Ensemble. Ein Besuch im berühmten Theater am Schiffbauerdamm gehört zur «kulturellen Pflicht» der West-Touristen. Doch längst wird das Brecht-Ensemble seinem Ruf aus den Zeiten Bert Brechts und Helene Weigels nicht mehr gerecht. Diejenigen, die das BE, wie es kurz genannt wird, über die mehr als 30 Jahre seines Bestehens beobachtet haben, meinen gar, «Brecht würde sich im Grabe umdrehen», wenn er

ansehen müsste, wie wenig lebendig seine Stücke heute dort aufgeführt werden. Viele Inszenierungen wirken verstaubt.
Dagegen macht das Deutsche Theater mehr von sich reden. Seit Anfang der achtziger Jahre bringt der Regisseur Alexander Lang klassische Stücke in moderner Aufmachung auf die Bühne, manchmal ausgesprochen provokativ. Lang ist ein gefragter Gastregisseur an westlichen Bühnen. Mit Peter Hacks, Heiner Müller und Volker Braun hat die DDR herausragende, aber auch unbequeme Dramatiker. Ihre Stücke wurden manchmal im Westen uraufgeführt, bevor sich DDR-Theater diesen Stoffen zu nähern wagten. An den Schauspielhäusern der DDR werden vorwiegend deutschsprachige und russische Klassiker und Gegenwartsstücke aus der DDR und der Sowjetunion aufgeführt. Neuere Stücke aus anderen sozialistischen Ländern sind seltener, aus westlichen Ländern sogar rar.
In aller Welt bekannt und begehrt sind Orchester, Chöre und Solisten aus der DDR. Genannt seien der Dresdner Kreuzchor und der Leipziger Thomanerchor, das Leipziger Gewandhausorchester und die beiden Sänger Theo Adam und Peter Schreier. Auf dem besten Weg, ein internationaler Star zu werden, ist der Trompeter Ludwig Güttler. Darüber, was in der DDR gesendet, aufgeführt oder gedruckt werden darf, entscheidet eine von aussen undurchschaubare Kulturbürokratie. An den Spitzen der Behörden sitzen Männer, die der Parteiführung der SED eng verbunden sind. Die Staatlichen Komitees für Rundfunk und Fernsehen sind dem Ministerrat zugeordnet. Für die Presse ist eine eigene Abteilung für Agitation und Propaganda des Zentralkomitees zuständig. Einen besonders einflussreichen Posten hat seit 1973 der stellvertretende Kulturminister Klaus Höpcke. Er ist verantwortlich für die Verlage und für den Buchhandel und gilt als eine Art «Literaturminister». Manche, die unter ihm zu leiden hatten, nennen ihn einen «Zensurminister»; zweifellos hat er aber in vielen Einzelfällen die Augen zugedrückt und sich als freizügig erwiesen.
Die Literaturpolitik und -entwicklung war immer ein Gradmesser für die gesamte Kulturpolitik der DDR. Nach dem Ende des Zweiten Weltkriegs hatten sich namhafte deutschsprachige Schriftsteller entschieden, in die Sowjetische Besatzungszone oder in die spätere DDR zu ziehen. Sie erwarteten, dass sich Literatur dort freier entwickeln könnte. Anna Seghers begründete ihre Entscheidung, sich in der DDR niederzulassen, nach jahrelangem Exil in Mexiko mit dem Satz: «Weil ich hier ausdrücken kann, wozu ich gelebt habe.» Anfangs war das literarische Schaffen von antifaschistischen Traditionen geprägt. Hans Fallada, der die Nazizeit in der inneren Emigration in einem entlegenen mecklenburgischen Dorf namens Carwitz verbracht hatte, wurde nach Kriegsende zum Bürgermeister der Gemeinde Feldberg gemacht. Schon 1947 starb er an seiner Morphiumsucht.
Andere kehrten aus der Westemigration zurück. Die prominentesten waren Bertolt Brecht, Anna Seghers, Arnold Zweig und Stephan Hermlin, der wäh-

rend des Kriegs in der Schweiz lebte. Auch Heinrich Mann wollte sich in Ostdeutschland niederlassen, starb aber kurz vor seiner Abreise in den USA. Sein Bruder Thomas hielt im Goethe-Jahr 1949 Festreden in beiden deutschen Staaten, zog sich aber dann in die Schweiz zurück.

Die fünfziger Jahre waren von mehreren kulturpolitischen Kurswechseln gekennzeichnet. Der «sozialistische Realismus» wurde von der SED zur massgeblichen künstlerischen Leitlinie erklärt. Wer sich dieser von der Sowjetunion übernommenen Kunstdoktrin nicht verpflichtete, wurde der «westlichen Dekadenz» oder des «Formalismus» bezichtigt. Viele Künstlerinnen und Künstler fielen der «Formalismus»-Kampagne zum Opfer, die freilich von internen Diskussionen begleitet war. 1953, nach Stalins Tod und dem 17. Juni, folgte eine der vielen jähen und überraschenden kulturpolitischen Wenden. Auf dem 4. Schriftsteller-Kongress 1956 klagte Anna Seghers, einer der grössten «Mängel unserer Literatur» sei der «Schematismus». 1958 wurde eine Theoretische Konferenz des Schriftstellerverbandes einberufen. Dabei kam die Forderung auf, die Autoren sollten an die Basis gehen und in der Industrie oder auf dem Land arbeiten, um darüber zu schreiben. Später sind durch diese Einflüsse einige wichtige Werke entstanden, zum Beispiel Brigitte Reimanns Roman über die junge Architektin «Franziska Linkerhand».

Auf einer Literaturkonferenz in Bitterfeld wurde 1959 die Parole ausgegeben: «Greif zur Feder, Kumpel!» Arbeiter sollten zum Schreiben animiert werden. Ein grosser Erfolg wurde daraus nicht. Zwar wurden landauf, landab Tausende «Zirkel schreibender Arbeiter» gegründet; Erwin Strittmatter, einer der profiliertesten Schriftsteller der DDR, spottete aber 1961, den lesenden Arbeitern sei das nicht zuzumuten...

Nach dem Bau der Berliner Mauer und mit den danach folgenden Wirtschaftsreformen («Neues Ökonomisches System der Planung und Leitung – NÖSPL») setzte für kurze Zeit eine Lockerung in der Kulturpolitik ein. In dieser Zeit erschienen die ersten Romane, die – abgesehen von Brechts Bühnenstücken – auch ausserhalb der DDR beachtet wurden: «Die Aula» von Hermann Kant, «Ole Bienkopp» von Erwin Strittmatter, «Spur der Steine» von Erik Neutsch und «Der geteilte Himmel» von Christa Wolf. Um diese Bücher gab es heftige Diskussionen und schwere Konflikte. Denn sie beleuchteten zum erstenmal verhalten und loyal, aber kritisch, die Wirklichkeit in der jungen DDR. Doch die liberalere Haltung der Kulturbürokratie war nicht von langer Dauer. Sie wurde ebenso zurückgenommen wie der Reformansatz in der Wirtschaft.

Honeckers Machtantritt im Jahr 1971 signalisierte einen erneuten Wendepunkt. Eine Lockerung schien in Sicht. Der neue SED-Chef verkündete: «Wenn man von der festen Position des Sozialismus ausgeht, kann es meines Erachtens auf dem Gebiet von Kunst und Literatur keine Tabus geben.» Schriftsteller, Maler und Bildhauer atmeten auf. Doch was war mit «der festen Position des Sozialismus» gemeint?

Die Hoffnungen vieler Künstler, die bis Mitte der siebziger Jahre anhielten, erfüllten sich nicht. Die Enttabuisierung wurde Schritt für Schritt zurückgedreht. Erster Höhepunkt einer Serie entmutigender Enttäuschungen war 1976 die Ausbürgerung Wolf Biermanns.

Der gebürtige Hamburger, der Anfang der fünfziger Jahre als überzeugter Kommunist in die DDR übersiedelte, war ein kritischer Liedermacher, der «mit Marx- und Engelszungen» sprach. In der breiten Bevölkerung waren weder sein Name noch seine Texte und Gesänge bekannt, weil er nur selten öffentlich auftreten durfte. Allenfalls in Ost-Berlin scharte sich um ihn eine eher intellektuell geprägte «Szene» von Bewunderern und Anhängern. Während einer Konzertreise in die Bundesrepublik, zu der er auf Einladung der Industriegewerkschaft Metall mit Genehmigung der DDR-Behörden gestartet war, entzog ihm das SED-Politbüro die Staatsbürgerschaft. Zur Begründung hiess es im Parteiorgan «Neues Deutschland», dies sei die «angemessene Antwort» auf Biermanns «feindseliges Auftreten» gegen die DDR.

Die Parteiführung liess Unterschriften sammeln. Viele der Menschen, die sich damals für die Ausbürgerung Biermanns aussprachen, erfuhren bei dieser Gelegenheit erstmals von seiner Existenz. Die langen Listen wurden in den SED-Zeitungen veröffentlicht.

Aber es gab auch Proteste. Namhafte Künstler der DDR forderten in einem «Offenen Brief» die Rücknahme der Ausbürgerung. Eine so breite Solidarisierung hatte es in der DDR bis dahin nicht gegeben. Die Staatsführung hatte so viel Zivilcourage und Kollegensolidarität wohl nicht für möglich gehalten, war überrascht und reagierte gereizt. Der ideologische Druck auf die Künstler wurde stärker. Vor allem spürten ihn diejenigen, die sich gegen die Ausbürgerung Biermanns gewandt hatten.

Sie bekamen Schwierigkeiten, ihre Werke im eigenen Land zu veröffentlichen. Manchen blieb nur der Ausweg zu westlichen Verlagen – ein illegaler und risikoreicher Weg, den andere schon vorher gegangen waren und den bis heute einige als einzige Möglichkeit sehen, zu publizieren. Wer das «Büro für Urheberrechte» umgeht und die Einnahmen aus Westveröffentlichungen kassiert, ohne die Staatskasse zu beteiligen, oder wer unangemeldete Kontakte zu Verlagen im Westen unterhält, muss mit Strafen rechnen.

Beim Schriftstellerkongress 1979 wurden neun Autoren aus dem Schriftstellerverband ausgeschlossen. Sie hatten sich über bürokratische Strafmassnahmen gegen Stefan Heym und Robert Havemann (dem es immer wieder gelang, seine unbequemen Schriften in den Westen zu schleusen, obwohl er zeitweise unter Hausarrest stand) bei Honecker beschwert: «Immer wieder wird versucht, engagierte kritische Schriftsteller zu diffamieren, mundtot zu machen oder ... strafrechtlich zu verfolgen.» Andere traten aus dem Verband aus, etliche hatten ihn schon vorher verlassen.

Im selben Jahr erschwerte die DDR-Regierung die Arbeitsbedingungen für die ausländischen Korrespondenten im Land. Danach waren alle Interviews

genehmigungspflichtig. Diese Einschränkung richtete sich nicht nur gegen die westlichen Journalisten, sondern vor allem gegen die Künstler, die gerade damit begonnen hatten, vor westdeutschen Kameras und in westdeutschen Zeitungen mutig und freimütig über ihre Probleme zu berichten.
Diese Serie von Restriktionen, flankiert durch neue, scharfe Strafbestimmungen, veranlasste viele Künstler, ihr Land zu verlassen. Einige stellten Anträge auf Übersiedlung in die Bundesrepublik, andere beantragten «Arbeitsvisa» für zwei- oder dreijährige Aufenthalte im Westen. Diese Begehren wurden erstaunlich schnell erfüllt. Die Partei- und Staatsführung war offensichtlich froh, dieses Unruhepotential loszuwerden oder einige der Unzufriedenen durch die Genehmigung von Westreisen zu beruhigen. Dafür nahm sie einen künstlerischen Aderlass in Kauf. Für die Intellektuellen selbst und für alle kulturell Interessierten war das ein schmerzhafter Prozess. Und für die Zurückbleibenden wurden die Zeiten nicht einfacher.
Unter denen, die nach 1979 die DDR verliessen, waren prominente Künstler, deren ostdeutsche Herkunft vielen Menschen im Westen verborgen ist: die Schriftsteller Günter Kunert, Jurek Becker, Klaus Schlesinger, Kurt Bartsch, Reiner Kunze, Erich Loest; die Schauspieler Angelika Domröse, Manfred Krug, Armin Mueller-Stahl; die Liedermacherin Bettina Wegner; die Rocksängerin Nina Hagen. Was sie im Westen heute produzieren, wird von vielen in der DDR mit einer Mischung aus Wehmut und Interesse verfolgt. Filme des Westfernsehens, in denen Manfred Krug – ein Publikumsliebling schon, als er noch im Osten auftrat – oder Armin Mueller-Stahl mitwirken, haben in der DDR stets hohe Einschaltquoten. Doch trotz dieses Künstler-Exodus sind Literatur und Kunst der DDR keinesfalls langweilig geworden. Es fehlen Tupfer, aber es sind nicht nur «Parteischreiber» übriggeblieben. Ungeübten Lesern im Westen fällt es oft schwer, auf Anhieb zu erkennen, was zwischen den Zeilen steht und welche Bilder besondere Aussagen transportieren. Hermann Kant, der Vorsitzende des Schriftstellerverbandes der DDR, sagte auf der Leipziger Buchmesse 1987 zu einem westlichen Journalisten: «Machen Sie doch nicht den Fehler, dass Sie das, was Sie aus Ihrer Sicht nicht für genügend kritisch halten, als ungenügend kritisch für die DDR wegtun.»
Tatsächlich merken die Leser in der DDR sehr wohl die feinen Untertöne. Interessante Bücher sind meist im Nu vergriffen, obwohl sie mit Startauflagen von 10 000 bis 25 000 Exemplaren auf den Markt kommen. Das Gespür für kritische Texte, das Kant andeutete, ist in der DDR stark ausgeprägt. «Altmeister» Erwin Strittmatter hat heikle Stoffe zu hervorragender Literatur verarbeitet, ebenso Hermann Kant und Christa Wolf. Zu nennen sind auch Günter de Bruyn, Helga Königsdorf, Irmtraud Morgner und Helga Schubert. Christa Wolf schrieb unmittelbar nach der Reaktorkatastrophe von Tschernobyl im April 1986 ihre Gedanken in einem Büchlein mit dem Titel «Störfall – Nachrichten eines Tages» nieder. De Bruyn hat sogar den Mut, Tabu-Themen wie die Gentechnologien in die öffentliche Diskussion der DDR als erster einzu-

führen – noch bevor die SED den Ton angibt. Doch die Bücher dieser Autorinnen und Autoren werden von der breiten Mehrheit der Bevölkerung nicht so stark beachtet. Sie interessiert sich, wie bei Filmen und beim Fernsehen, eher für Unterhaltsames.
1980 sprach sich herum, dass «in Kürze» einige Bücher von Karl May aufgelegt werden sollten. Bis dahin war der Abenteuer-Schriftsteller aus Radebeul bei Dresden verpönt, seine Romane wurden nicht gedruckt. Als 1982 die ersten Bände erschienen, waren sie sofort vergriffen, obwohl sie für DDR-Verhältnisse mit knapp 20 Mark ausgesprochen teuer waren.
In den Buchhandlungen waren die Karl-May-Bücher anfangs nicht zu sehen. Sie gehörten zu jenen besonders begehrten Gütern, die in der DDR «Bückware» genannt werden – in diesem Falle also Bücher, für die sich die Verkäuferin erst bücken muss, um sie unter dem Ladentisch hervorzuzaubern, vorzugsweise für Verwandte, Freunde und gute Kunden.
Eine ähnliche Entwicklung wie die Literatur nahm die Bildende Kunst. Die erste Phase in den fünfziger Jahren war noch durch die Emigrantengeneration geprägt. Die Auseinandersetzung mit dem Faschismus und die Darstellung der Arbeiterbewegung waren die Schwerpunktthemen. Die bekanntesten Vertreter der Malerei dieser Zeit waren Arno Mohr und Otto Nagel. Dann setzte sich auch in der Malerei der «sozialistische Realismus» durch. Die Bilder zeigten zupackende Arbeiter, kräftige Bauersfrauen, Industrielandschaften, Aufmärsche, Soldaten, Agitationsbilder zu laufenden Kampagnen und immer wieder die Symbole Friedenstaube, Fahnen und verschlungene Hände.
In den sechziger Jahren wurden die Maler bekannt, die auch im Westen bis heute als die typischen Vertreter der DDR-Malerei gelten: Willi Sitte, Bernhard Heisig, Werner Tübke und Wolfgang Mattheuer. Seit Ende der siebziger Jahre setzt sich die Malerei mehr und mehr mit dem Alltag und der Wohnumwelt auseinander. In Ausstellungen der Gegenwartskunst sind immer häufiger überlastete Berufstätige, vor dem Fernseher allein gelassene Kinder, zubetonierte Landschaften, kahle Neubauviertel und Mauern zu sehen.
Einen auffallenden Weg ging die DDR bei der Musik für junge Leute. Rockmusik aus dem Westen war in den fünfziger und sechziger Jahren verpönt. Sie galt als dekadent. Rock 'n' Roll-Stars wie Elvis Presley oder Bill Haley wurden in den Rundfunksendern der DDR nicht gespielt. Auch die Beatles oder die Rolling Stones kamen nicht ins Programm. So wurden schon damals junge Hörer zu westlichen Sendern abgetrieben. Eine besondere Funktion hatte dabei der Westberliner RIAS (Rundfunk im amerikanischen Sektor), der die musikalischen Wünsche und den politischen Wissensdurst von DDR-Bewohnern geschickt zu erfüllen verstand. Mittlerweile haben sich die Kulturfunktionäre besonnen und herausgefunden, dass die Beatles aus der Arbeiterstadt Liverpool stammen; so wurden sie ins ideologische Konzept eingepasst.
Für Musiksendungen und öffentliche Tanzveranstaltungen gilt noch heute die Vorschrift, dass 60 Prozent der gespielten Titel aus der DDR oder aus anderen

sozialistischen Ländern kommen müssen; 40 Prozent der Musik darf westlicher Herkunft sein. In den Diskotheken umgehen die Schallplattenunterhalter – dies ist die amtliche Berufsbezeichnung für Diskjockeys in der DDR – diese Regelung durch einen Trick: Sie lassen die Musik aus dem Osten in den Tanzpausen laufen.

Auf dem Weg zur nationalen Musikkultur gab es auch Kurioses. DDR-Bürger der mittleren Generation erinnern sich schmunzelnd an ihre Tanzstunden, als ihnen der «Lipsi», ein in der DDR kreierter Tanz, der dem Rock 'n' Roll und dem ChaChaCha Konkurrenz machen sollte, beigebracht wurde. Die Leute lachten und spotteten über künstliche Missgeburten dieser Art, die sich niemals durchsetzten. Weil Rockmusik von den Jugendlichen gewünscht, die westliche aber von den Kulturfunktionären unerwünscht war, mussten sich die Bands etwas einfallen lassen. Schon Mitte der sechziger Jahre arbeiteten sie in der Rockmusik mit deutschen Texten und eigenwilligen Musikeffekten. Beides wurde für DDR-Gruppen bald zum erkennbaren Markenzeichen. Der westdeutsche Rockmusiker Udo Lindenberg bekannte in einem Interview, er habe immer wieder DDR-Rundfunk gehört, um sich von den Gruppen aus der DDR inspirieren zu lassen. Die bekanntesten sind die «Puhdys» und «Karat», neuerdings auch «Silly». Lindenberg, der viele Fans zwischen Elbe und Oder hat, durfte bisher erst einmal in der DDR auftreten – bei einem internationalen Konzert «Rock für den Frieden» im Ost-Berliner Palast der Republik. Brave FDJler lauschten ihm reserviert, während einige hundert Anhänger, die keine Karten bekommen hatten, draussen nach ihrem Idol «Udo» riefen. In seinen Songs hat Lindenberg immer wieder DDR-Themen aufgegriffen («Mädchen in Ost-Berlin») und gelegentlich auch abfällige Bemerkungen über den «Arbeiter-und-Bauern-Staat» gemacht. Als er aber in seinem Lied «Sonderzug nach Pankow» textete, «Honni» (Honecker) sei ja «auch ein alter Rocker» und höre vielleicht «auf'm Klo West-Radio», da setzten ihn die humorlosen Kultur-Oberen auf die Schwarze Liste. Die Bevölkerung pfiff aber vergnügt mit, wenn der RIAS die Melodie dudelte. Das «Pankow»-Lied wurde in der DDR ein heimlicher Hit.

Andere Stars aus dem Westen sind schon in der DDR aufgetreten: Udo Jürgens, Adamo, Katja Ebstein, Peter Maffay. Karten für ihre Konzerte sind meist schon vergriffen, wenn bei der Bevölkerung durchsickert, dass ein solcher «Knüller» bevorsteht.

Mit den «Singeklubs der FDJ» hat die SED eine eigene Musikform begründet, die sie direkt beeinflusst. Das Kulturpolitische Wörterbuch der DDR bezeichnet diese Singebewegung als «eine kulturell-ästhetische Bewegung der Jugend unter Führung der FDJ». Mitte der sechziger Jahre wurde diese «Bewegung» ins Leben gerufen, zehn Jahre später gab es 3600 solcher Klubs. Diese Musikgruppen pflegen deutsche und internationale Kampflieder der Arbeiterbewegung und der Befreiungsbewegungen der Dritten Welt. Sie texten und komponieren auch neue Songs mit aktuellen Bezügen.

Aus dieser Arbeit ist das «Festival des politischen Liedes» hervorgegangen, das seit 1970 in jedem Jahr stattfindet. Internationale Stars der politischen Folklore kommen dann nach Ost-Berlin. Dieses Festival lässt sich die FDJ viel kosten. Die afrikanische Sängerin Miriam Makeba und der westdeutsche Interpret Hannes Wader sind ebenso ständige Gäste bei diesen Festivals wie italienische, irische und lateinamerikanische Spitzengruppen.

Auf dem XI. Parteitag der SED (1986) hat Erich Honecker formuliert, wie er sich die Kultur im Lande wünscht: «Unser Leben verlangt eine sozialistisch-realistische Literatur und Kunst, die von Parteilichkeit, Volksverbundenheit und hohem sozialistischem Ideengehalt gekennzeichnet ist.» Diese ideologische Strenge macht es vielen undogmatischen jungen Künstlern – Schriftstellern ebenso wie Malern, Bildhauern, Musikern, Schauspielern oder Fotografen – schwer oder gar unmöglich, von den «Oberen» akzeptiert zu werden. Ihnen bleibt oft die evangelische Kirche als einzige Chance, ihre Werke einem kleinen interessierten Publikum nahezubringen.

Viele haben die Konsequenzen aus diesen Schwierigkeiten gezogen: Sie leben im Westen. Aber die wenigsten von ihnen sind mit Begeisterung gegangen, manche kamen im Westen gar nicht zurecht. Die DDR ist ihre Heimat geblieben.

Die Liedermacherin Bettina Wegner, die sich jahrelang gegen ihre Ausreise nach Westdeutschland sträubte, obwohl sie in der DDR Auftrittsverbot hatte, machte 1981 ihrer Verzweiflung mit diesem Lied Luft:

> «Mir fällt ein, was ich wollte und ich weiss, was ich hab
> Und ich gehe noch grade und ich mach noch nicht schlapp
> Und das ist keine Dichtung, das ist Agitation
> Aber wen agitier ich, wen erreiche ich schon?
>
> (Refrain): Und ich nehm, was ich streichel und ich nehm, was ich hass
> Und ich bin noch am Leben und ich will auch noch was!
>
> Ich bin Sänger im Ausland und ich sing nicht zuhaus
> Nicht ein einziges Tönchen, denn man setzte mich raus
> Und nu schrei ich und weine, dabei hab ich noch Glück
> Über feindliche Sender kommt ein bisschen zurück.
>
> Und ich bin nicht verboten und ich bin nicht erlaubt
> Und ich möcht daran sterben, auch wenn keiner das glaubt
> Und der Kummer von einem ist der Kummer der Welt
> Und die daran zerbrechen, die sind mir mein Held.
>
> Und ich denke an Thälmann und dann seh ich, was is',
> Und das ist mir wie'n Goldfisch gegen faulenden Fisch
> Und ihr habt was versprochen und ihr hieltet es nicht
> Und wer euch erinnert, der kommt vor Gericht.

Und ich hab meine Liebe und ich hab meine Wut
Und ich leb zwischen Grenzen und da leb ich nicht gut
Und ich will nicht kaputt gehn, weil ich immer noch hab
Dass es Thälmann und Lenin und Luxemburg gab.

Und ich nehm, was ich streichel und ich nehm, was ich hass
Und ich bin noch am Leben und ich will auch noch was!»

Wolf Biermann hat in einem Vergleich zwischen DDR und BRD auf seine Weise gesagt, wie er den Westen unmittelbar nach der Zwangsausbürgerung empfand:

«Hier fallen sie auf den Rücken,
Dort kriechen sie auf dem Bauche
Und ich bin gekommen,
Ach, kommen bin ich
Vom Regen in die Jauche.»

Kirche: Christ sein heisst gegen den Strom schwimmen

«Es ist kaum noch zum Aushalten», stöhnte 1981 ein Ost-Berliner Pfarrer. «Das staatliche Lutherkomitee hat ein so perfektes Bild von Martin Luther gezeichnet, die wollen uns wohl rechts überholen. Wir würden gerne auch das eine oder andere an ihm kritisieren. Aber die SED beharrt ja so auf ihrer Meinung und lässt anderes nicht zu.»

Die DDR feierte 1983 den 500. Geburtstag des Reformators. Diejenigen, die noch die Feierlichkeiten zum 450. Todestag des Bauernführers Thomas Müntzer in Erinnerung hatten, dessen Geschichtsbild damals gepflegt wurde, staunten nicht schlecht. 1975 hatten sie nämlich noch lernen müssen, Martin Luther sei der Verräter der Bauernrevolution. 1980 gründete sich ein staatliches Komitee, um das Luther-Jubiläum vorzubereiten. Den Vorsitz übernahm Honekker selbst. So langsam mauserte sich der Reformator zum Volkshelden. Viele witzelten, er sei gar der Ahnherr der DDR. Die DDR-Bürger hatten schon so manche Geschichtsklitterung erlebt. Die Rehabilitierung der historischen Persönlichkeit Luthers war bislang die rasanteste Wendung.

Alle wesentlichen Wirkungsstätten Luthers – Eisleben, Wittenberg, die Wartburg – befinden sich auf dem Gebiet der DDR. National wurden die Luther-Feiern zwar von den Karl-Marx-Feiern überlagert, an dessen 150. Geburtstag im selben Jahr erinnert wurde. Doch international zählte Martin Luther. Hunderttausende strömten in die DDR, um ihn zu ehren, vor allem Westeuropäer, Japaner und Nordamerikaner.

So einmütig wie im Jahr 1983 hatten sich Kommunisten und Christen noch nie über eine historische Figur geäussert. Diese Eintracht zwischen Kirche und Staat kann aber nicht über die Probleme hinwegtäuschen, die Christen in der DDR seit Bestehen des Staates haben. Denn dieser hat mit dem Marxismus-Leninismus eine atheistische Ideologie auf seine Fahnen geschrieben, die er überall konsequent durchsetzen will: in den Kindergärten und Schulen, in den Betrieben, in den Medien, im gesamten öffentlichen Leben. In einer kommunistischen Gesellschaftsordnung heisst Christ sein, gegen den Strom zu schwimmen.

Als nach dem Ende der Naziherrschaft die Sowjets in ihre Besatzungszone einzogen, sah es erst einmal so aus, als könnten die Christen einigermassen in Ruhe leben. Weil viele von ihnen aktiv im Widerstand gegen die Nationalsozialisten und auch in den Konzentrationslagern waren, wurden die beiden Kirchen nicht wie andere Grossgrundbesitzer enteignet. Auch ihre sozialen Einrichtungen wie Kindergärten, Pflegeheime und Krankenhäuser durften sie weiterführen. Doch mit der Schulreform von 1946 zeigte sich schon, wie der Einfluss der Kirche zurückgedrängt werden sollte. Eine weltliche Schule wurde beschlossen. Und der Religionsunterricht, der nicht mehr Teil des staatlichen Bildungskonzepts war, durfte nur noch kurze Zeit in den Schulräumen abgehalten werden. Mit der Begründung, es gebe zu wenig Räume, wurde auch diese Möglichkeit bald ganz abgeschafft. Es durfte auch nicht mehr für die kirchliche Unterweisung in den Schulen geworben werden. So war es nicht verwunderlich, dass die Kirche und die damals noch nicht gleichgeschaltete CDU (Christlich-Demokratische Union) Widerstand gegen die «neue Schule» leisteten.

Die ersten handfesten Konflikte zwischen Kirche und Staat brachen aus, als 1954 die atheistische «Jugendweihe» eingeführt wurde. Beide Konfessionen haben damals Jugendweihe und christliche Weihe für miteinander unvereinbar erklärt. Doch die Protestanten sind von ihrer strengen Haltung wenige Jahre später abgerückt. Sie mussten einsehen, dass die Jugendweihe ein wesentlicher Schritt zur Integration in das gesellschaftliche Leben der DDR für die Jugendlichen bedeutete. Wer nicht Mitglied im sozialistischen Jugendverband FDJ sein wollte und an der Jugendweihe nicht teilnahm, musste mit erheblichen Schwierigkeiten beim beruflichen und schulischen Fortkommen rechnen. Ein Übergang auf die Abiturstufe war fast ausgeschlossen. Diese Probleme sind bis in die achtziger Jahre geblieben.

Den Rang, den die Konfirmation in protestantischen Gegenden der westlichen Welt hat: ein Anlass für teure Geschenke und eine grosse Familienfeier, deren Sinn kaum noch erkannt wird, diesen Rang hat heute auch die Jugendweihe in der DDR. Nicht wenige Christen indessen sind froh darüber, dass die katholische Firmung und die Konfirmation bei ihnen wieder das geworden sind, was sie einst waren: eine Feier im Kreis bekennender Christen. Die Firmung findet zwei Jahre vor und die Konfirmation ein Jahr nach der Jugendweihe statt. Fast alle katholischen und evangelischen Jugendlichen nehmen im Alter von 14 oder 15 Jahren an der Jugendweihe teil.

Die Entwicklung der katholischen Kirche in der DDR verlief anders als die der evangelischen. Auf dem Gebiet der heutigen DDR hat es nie viele Katholiken gegeben. Sie befanden sich seit der Reformation in der Diaspora. Nur zwei Regionen haben eine überwiegend katholische Bevölkerung: die Lausitz an der Grenze zu Polen und das Eichsfeld südlich des Harzes.

Das Eichsfeld war bis in die siebziger Jahre Sperrgebiet, der Zugang nur für Bewohner oder für Besucher mit Sondergenehmigung möglich. Wegen der über zwei Jahrzehnte dauernden Abgeschiedenheit hat sich dort die katholische Kirche besonders stark gehalten und blieb immer prägend im gesellschaftlichen Leben. Die Eichsfelder erzählen mit Stolz von sich, dass sie nur Bürgermeister wählen, die sonntags auch zur Messe gehen, egal, welcher Partei sie angehören. Ein solcher Bürgermeister ist sonst nirgends in der DDR denkbar.

Blick auf die restaurierte Wartburg. Hier übersetzte Martin Luther, der in der DDR wieder zu Ehren gekommen ist, die Bibel ins Deutsche.

Weil sich die Katholiken schon seit Jahrhunderten in Mitteldeutschland gegen eine «feindliche» Umwelt behaupten mussten, ist ihre Zahl auch in der DDR von Anfang an ziemlich konstant geblieben: 1,3 Millionen Mitglieder. Allerdings hat die katholische Kirche ihre Gläubigen nie unter Entscheidungszwang gesetzt und politische Konflikte mit dem Staat zu vermeiden gesucht. Sie beschränkte sich von jeher auf das Gemeindeleben. Nur in der Frage der Jugendweihe und später bei der Legalisierung des Schwangerschaftsabbruches (1972) hat sie zu gesellschaftlichen Problemen öffentlich Stellung genommen.

Die Taktik der SED, den Einfluss der Kirchen zurückzudrängen, traf vor allem die Protestanten. Die Bewohner Mitteldeutschlands gehören überwiegend dieser Konfession an. Die letzte offizielle Religionsstatistik, die 1964 veröffentlicht wurde, gab an, dass von den damals 17 Millionen Einwohnern der DDR rund 10 Millionen evangelisch waren. Im April 1987 äusserte der Ost-Berliner Generalsuperintendent Günter Krusche in einem Interview mit einer westlichen Zeitung seine Schätzung über die Stärke der evangelischen Kirche: Insgesamt sei in der DDR noch mit 30 Prozent evangelischen Christen zu rechnen, das wären also etwa vier Millionen der Erwachsenen. Doch der Anteil der evangelischen Christen in Ost-Berlin liegt, wie Krusche sagt, unter sieben Prozent, im Neubaugebiet Marzahn sogar nur bei drei Prozent. Die wirklich bekennenden und praktizierenden Christen sind eine kleine Minderheit. Schwierigkeiten im gesellschaftlichen Leben kennzeichnen ihren Weg. Menschen, die Karriere in Staat und Wirtschaft gemacht haben, sind unter ihnen selten. Denn der Weg zu höherer Bildung ist ihnen zumindest schwer gemacht worden. Das war auch eines der Themen, die angeschnitten wurden, als sich 1978 führende Repräsentanten der Kirche mit dem Partei- und Staatschef Erich Honecker zu einem Spitzengespräch trafen – dem ersten in der Geschichte der DDR. Damals wurde das als ein «Zeichen der Hoffnung» gewertet. Die Schwierigkeiten junger Christen haben sich seitdem auch tatsächlich geringfügig gemindert.

Die Christen in der DDR lehnen den sozialistischen Staat nicht von Grund auf ab. Einige Ansprüche der kommunistischen Ideologie lassen sich durchaus auch mit dem christlichen Glauben vereinbaren: die Politik der sozialen Sicherheit und der sicheren Arbeitsplätze, die Kollektiverziehung, die erreichen will, dass der einzelne sich für die Gemeinschaft und diese sich für das Individuum verantwortlich fühlt. Doch was sie ablehnen, ist der ideologische Alleinvertretungsanspruch der SED, der den Staat so intolerant gegenüber Andersdenkenden macht.

So heisst Christsein in der DDR, auf einem schmalen Grat zwischen gesellschaftlicher Anpassung und christlichem Glauben zu gehen. Dies als blossen Opportunismus zu werten, hiesse die gesellschaftliche Realität und die Möglichkeiten in einem sozialistischen Staat zu verkennen. Nicht wenige schaffen sich durch eine gute oder gar überdurchschnittliche Pflichterfüllung am Arbeitsplatz oder durch die aktive Mitwirkung in Verbänden, die ihren Glauben nicht in Frage stellen, wie beispielsweise die Gewerkschaft, den Freiraum, sich für andere einzusetzen oder auch Missstände anzuprangern und sich sozial zu engagieren. Solcher Einsatz für die Gemeinschaft wird fast nur noch Christen nachgesagt. Und so mancher SED-Genosse fragt sich voller Neid: «Warum schaffen wir so etwas nicht bei unseren eigenen Leuten?»

Gottesdienste sind schlecht besucht in der DDR. Da steht die Kirche in der DDR vor dem gleichen Problem, das alle Kirchen in Industrienationen haben. Nur am Heiligen Abend – wie überall auf der Welt – sind die Gotteshäuser voll. An den Gemeindeabenden nehmen überwiegend Menschen mittleren und höheren Alters teil. Sie treffen sich zu Bibelstunden, Altennachmittagen oder Gesprächskreisen. Die jüngeren Leute erreicht die Kirche nicht so gut. Trotzdem schätzen sogar marxistisch-leninistische Religionssoziologen, dass sich zwischen 10 und 20 Prozent der jungen Menschen als Christen empfinden. Das ist ein Eingeständnis, dass die sozialistische Erziehung in den Schulen nicht so wirkt wie die Verantwortlichen sich das wünschen. Denn dazu kommen ja noch die vielen, die einfach «indifferent» sind, sich nicht zwischen sozialistischer Ideologie und christlichem Glauben entscheiden.

Einige junge Menschen kommen aus philosophischem Interesse zur Kirche. Sie wollen das kennenlernen, was ihnen als Wissen in der Schule vorenthalten wird. Aber sie bleiben nicht dauerhaft bei der Kirche. Die meisten kommen wegen des zwanglosen Miteinanders in den Gemeindezentren. Eine junge Dresdenerin: «Manchmal gehe ich nach der Arbeit ins Gemeindehaus. Das ist so entspannend. Man kann sich einen Tee kochen und mit Leuten reden, einfach so. Man kann aber auch ganz still in der Ecke sitzen. Niemand drängt zu Gesprächen oder Aktionen.» Und ein junger Mann aus Magdeburg findet: «Die sind dort alle besonders nett. Der Umgang ist ganz anders als in der FDJ. Und in den Diskussionen hat niemand Angst, wie in der Schule, etwas Falsches zu sagen.»

Kein Zweifel, die Kirche, vor allem die evangelische, bietet Freiräume für die jungen Leute. Das wissen auch die zu schätzen, die sich von der Masse der Jugendlichen abheben, aber nicht unbedingt des christlichen Glaubens wegen zur Kirche kommen: die Mitglieder von Friedensinitiativen und Ökologiegruppen, aber auch Punks oder Homosexuelle. Gerade die evangelische Kirche wendet sich den Randgruppen der Gesellschaft zu. Das ruft an der überwiegend konservativen Basis Widerspruch hervor. Viele aktive Gemeindemitglieder lehnen eine Öffnung in diese Richtung ab. Sie fühlen sich missbraucht und wahrscheinlich auch in ihrer Ruhe gestört. Sie fürchten als Folge Probleme mit staatlichen Behörden, mit denen wiederum diese jungen Leute ihre Schwierigkeiten haben.

Ohne die Unterstützung der Partnergemeinden im Westen, vor allem in der Bundesrepublik, könnte die Kirche in der DDR nicht existieren. Die eigenen Einnahmen reichen nicht aus. Die Kirchensteuer, die jedes Mitglied zu zahlen hat, ist letztlich freiwillig, weil niemand kontrollieren kann, wieviel jemand verdient. Und vom Einkommen hängt die Höhe der Beträge ab. So sind die Finanzverwalter der Kirchen auf die Ehrlichkeit der Gemeindeglieder angewiesen. Gottes- und Gemeindehäuser, die Dienstwohnungen der Pfarrer, die Kindergärten, die seit der zunehmenden Militarisierung der DDR-Gesellschaft besonders starken Zulauf haben, und die Krankenhäuser müssen unterhalten werden. Für die Betreuung der Kranken in Hospitälern und Heimen zahlt der Staat Pflegesätze an die kirchlichen Träger, weil diese ja einen Teil der medizinischen Fürsorge übernehmen, für die sonst das staatliche Gesundheitswesen aufkommen müsste. Doch die Ausstattung mit medizinischem Gerät wird überwiegend vom Westen finanziert. Die konfessionellen Krankenhäuser sind sehr beliebt bei den Patienten, nicht nur bei den Christen. Sie sind bekannt dafür, besonders liebevolles Pflegepersonal zu haben. In den staatlichen Kliniken klagen die Kranken häufig über unfreundliche Schwestern und Pfleger. Das Pflegepersonal bilden die Kirchen selbst aus. Auch das ein nicht unerheblicher Kostenfaktor.

Die katholische Kirche bildet auch ihre Priester selbst aus. Bei den Protestanten ist das anders. In einem Staat wie der DDR klingt es wie ein Kuriosum, aber die künftigen Pfarrer studieren an den staatlichen Universitäten. An sechs Hochschulen gibt es noch Sektionen (Fakultäten) für Evangelische Theologie. Von der Kirche werden sie nach dem Studium auf ihren späteren Beruf vorbereitet. Denn die Ausbildung an den Universitäten erfolgt durch staatliche Hochschullehrer.

Das alles ist mit den wenigen Kirchensteuern nicht zu finanzieren. Auch nicht die Kirchenneubauten, die in begrenzter Zahl seit Ende der siebziger Jahre wieder entstehen. Auf diese Weise kommen nun auch grössere Neubaugebiete zu Gemeindezentren. Die erste Neubaukirche der DDR wurde in Eisenhüttenstadt errichtet. Dieser Ort, der anfangs Stalinstadt hiess, war nach dem Krieg als Stahlarbeiterstadt aus dem Boden gestampft worden. Ulbricht hatte einmal gesagt, Fabrikschlote sollten dort die einzigen Türme sein; keine Kirche werde es in der «ersten sozialistischen Stadt auf deutschem Boden» geben. Ausgerechnet dort wurde unter Honeckers Führung der erste Kirchenneubau genehmigt. Die neuen Gotteshäuser, so auch dieses in Eisenhüttenstadt, werden fast ausnahmslos von der Westkirche finanziert.

Sport: In der Leichtathletik eine Supermacht, im Fussball ein Mauerblümchen

«Acht, neun, zehn – Klasse!» Mit diesem Schlachtruf bejubeln DDR-Zuschauer überall in den internationalen Sportarenen die Siege ihrer Athleten. Grund zum Jubeln gibt es oft genug. Mit ihren knapp 17 Millionen Einwohnern ist die DDR ein mittelgrosses Land. Aber die Sportlerinnen und Sportler gehören zur Weltspitze. Die Namen des Skispringers Helmut Recknagel, des Radrennfahrers Gustav Adolf («Täve») Schur, der Sprinterin Marita Koch, des Schwimmers Roland Matthes oder der Eiskünstläuferin Katarina Witt stehen für die vielen Ausnahmeerscheinungen, die der planmässig entwickelte und gezielt geförderte DDR-Spitzensport hervorgebracht hat.
In fast allen Sportarten kann die DDR mit den USA und der UdSSR mithalten; in einigen hat sie beide «Sport-Supermächte» längst übertrumpft. Nur in wenigen Disziplinen nimmt die DDR an internationalen Wettkämpfen nicht teil: Alpiner Skisport, Tennis, Reiten. Nur beim Fussball, dem zumindest in Europa beliebtesten und zugkräftigsten Sport, ist sie bisher so gut wie erfolglos geblieben – eine rätselhafte Ausnahme.
Auch mit ihrem Volkssport kann sich die DDR sehen lassen. Der Breitensport ist allerdings erst später als der Spitzensport zur Blüte gebracht worden. Zunächst galt das Augenmerk der politischen Führung den Elitesportlern. Ihre Auftritte im Ausland sollten dem östlichen deutschen Staat jene internationale Anerkennung bringen, die ihm politisch anfangs versagt blieb. Bis in die siebziger Jahre hinein, als die DDR – in der Folge der ersten deutsch-deutschen Verträge – Mitglied der Vereinten Nationen wurde, hatten nur die osteuropäischen kommunistischen Staaten, China und einige Entwicklungsländer die DDR diplomatisch anerkannt.
Aber auch bedeutende Sporterfolge erleichterten den Weg der DDR zur internationalen Anerkennung zunächst kaum. 1952 nahm die DDR nicht einmal an Olympischen Spielen teil. Erstmals traten 1956 bei den Winterspielen in Cortina d'Ampezzo ostdeutsche Athleten an, damals freilich noch als Mitglieder einer gesamtdeutschen Mannschaft. Wolfgang Behrendt war der erste Sportler aus der DDR, der eine olympische Goldmedaille gewann. Das war bei den Sommerspielen in Melbourne im Boxen der Klasse Bantamgewicht. Mit seinem Namen verbindet sich der Aufstieg seines Staates zu sportlichem Weltruhm. Wolfgang Behrendt wurde später erfolgreicher Sportfotograf beim SED-Zentralorgan «Neues Deutschland».
Auch 1960 und 1964 traten bei Olympischen Spielen – für die DDR war das demütigend – noch gesamtdeutsche Mannschaften an. Erst 1968 in Mexiko

durfte die DDR erstmals mit der eigenen Flagge einmarschieren. Und seitdem ist die Nationalhymne eine der am häufigsten gespielten bei internationalen Sportereignissen. Die errungenen Titel und Medaillen werden jährlich in der amtlichen Statistik der Staatlichen Plankommission veröffentlicht. Auch wenn die Siege nicht planbar sind, sind sie doch vorprogrammiert.

Mit der Deutschen Hochschule für Körperkultur in Leipzig unterhält die DDR ein vorzüglich ausgebautes Trainings- und Ausbildungszentrum. Sportwissenschaft und Sportmedizin sind nirgendwo höher entwickelt als in der DDR. Auch bei der Fortentwicklung von Sportgeräten und -ausrüstungen ist die DDR führend wie sonst auf keinem Gebiet der Technik.

Zweifellos haben die Sporterfolge weltweit den Bekanntheitsgrad der DDR gesteigert, ihr Achtung eingebracht und schliesslich die politische Anerkennung gefördert. Dies war beabsichtigt. Aber auch innenpolitisch hatten die Siege bei internationalen Wettbewerben ihre Wirkung: Aus dem berechtigten Stolz auf diese Leistungen wuchs immer stärker die anfangs nur dünn verwurzelte und verdrängte Selbstidentifikation der DDR-Bürger mit ihrem Staat.

Nur im Fussball hat die DDR bisher den internationalen Durchbruch nicht geschafft. Bis auf eine Weltmeisterschaftsteilnahme (1974) mit dem sensationellen 1:0-Sieg über den späteren Weltmeister, die Bundesrepublik, einen Gewinn des UEFA-Cups durch den 1. FC Magdeburg (1974) und den nicht so hoch einzuschätzenden Olympia-Sieg (1976) sprangen keine Erfolge heraus. Dass die DDR ausgerechnet im Fussball ein Mauerblümchen geblieben ist, hat schon zu zahlreichen Verärgerungen auf höchster politischer Ebene und zu zahlreichen organisatorischen Veränderungen geführt. Welche Gründe für das Versagen massgeblich sind, konnte bisher nicht belegt werden. Die oft als Ursache genannte Vermutung, dass die Trainingsmethoden der DDR auf die Förderung von Individuen und nicht auf Mannschaften abgestimmt seien, trifft jedenfalls nicht zu. Sie ist widerlegbar durch bedeutende Erfolge zum Beispiel im Handball. Und grundsätzlich wird auf die im Sozialismus allgemein geforderte Erziehung zum kollektiven Handeln auch im Sport Wert gelegt.

Warum der Fussball trotz aller Anstrengungen provinziell geblieben ist, können selbst Fachleute nicht schlüssig beantworten. Der prominente Ost-Berliner Sportkommentator Heinz Florian Oertel macht «Minderwertigkeitskomplexe, mangelnden Mut und krankhaften Lokalpatriotismus» als Hemmschuh für eine Vorwärtsentwicklung des DDR-Fussballs aus.

Trotzdem werden die Spiele der Fussball-Oberliga gut besucht. Die Vereine mit grossen Namen und Traditionen in Leipzig, Dresden, Jena und Magdeburg haben ihre Anhänger. Eher unbeliebt ist der Hauptstadtklub BFC Dynamo – erstens, weil er seit 1980 ununterbrochen in jedem Jahr den Meistertitel gewonnen hat; zweitens, weil immer wieder Spitzenspieler anderer Vereine an den Renommierklub abgegeben werden müssen; und drittens, weil er als Klub der Polizei und der Staatssicherheit gilt.

In Berlin gibt es – im Schatten des BFC Dynamo – einen zweiten Verein, Union 06, der den Fussball der südlichen industriellen Stadtteile Ost-Berlins repräsentiert. Zwischen den Fans dieser beiden Vereine kommt es ständig zu Reibereien. Auch in anderen Fussballstadien sind Ausschreitungen immer häufiger. Fussballidole wie in Westdeutschland Fritz Walter, Uwe Seeler und Franz Beckenbauer hat es in der DDR wegen der ausbleibenden Erfolge nie gegeben. Einer, der sich in der DDR an Beliebtheit mit den westlichen Fussball-Stars messen konnte, ist der Magdeburger Radrennfahrer «Täve» Schur. Ihm jubelten in den sechziger Jahren die Massen zu. Er löste echte Sportbegeisterung aus und wird noch heute, nicht nur wegen seiner sportlichen Erfolge, sondern auch wegen seines sympathischen, bescheidenen Auftretens als ein Vorbild angesehen. Viele junge Menschen hat er für den Radsport gewonnen – auch seinen Sohn Jan, der mittlerweile ebenfalls in der Weltspitze mitfährt. Die Popularität «Täve» Schurs wurde sonst von keinem Sportler erreicht. Allenfalls die Eiskunstläuferin Katarina Witt aus Karl-Marx-Stadt mit ihrer Trainerin Jutta Müller, die vorher schon Gaby Seyfert und Anette Pötzsch zu Weltruhm geführt hatte, und die Leichtathletin Marita Koch aus Rostock geniessen ähnlich grosse Sympathien. Die meisten anderen Elitesportler sind heute bei der Bevölkerung, die sich an die Siegesserien gewöhnt hat, nicht so beliebt. Die einen werden als «hochgezüchtet» angesehen, anderen neiden die Leute ihre Privilegien. Weltspitzensportler dürfen ja nicht nur früh und viel ins Ausland reisen, sondern werden auch sonst bevorzugt: mit materiellen Gütern wie Autos und Wohnungen, aber auch bei der Ausbildung und im Beruf.

Die Förderung des Breitensports begann erst richtig in den sechziger Jahren. Die SED gab die Parole aus: «Jedermann an jedem Ort – einmal in der Woche Sport!» Der Parteivorsitzende Walter Ulbricht zog sich bei einem Turnfest demonstrativ die Jacke aus und machte Freiübungen mit.

In jeder grösseren Stadt finden heute regelmässig Volksläufe statt. Andere Massenwettkämpfe wie das «Tischtennisturnier der Tausende (TTT)» oder die Mehrkämpfe «Stärkster Lehrling und sportlichstes Mädchen gesucht» werden jährlich organisiert, und viele machen mit.

Schon die Allerkleinsten werden gezielt an regelmässiges Sporttreiben herangeführt. Im Kindergarten beginnt es mit Bewegungsübungen. In der Schule ist Sport gleichberechtigtes Unterrichtsfach. Sport ist auch Teil der Lehrlingsausbildung und des Fach- und Hochschulstudiums.

Die Auslese von Talenten beginnt bei den Jüngsten. Regelmässig besuchen Vertreter des Deutschen Turn- und Sportbundes (DTSB) die Kindergärten und beobachten Bewegungsübungen. Anhand der Motorik erkennen die geschulten Kräfte Begabungen für bestimmte Sportarten. Solche förderungswürdig erscheinenden Kinder werden ausgesucht und weiter getestet.

Auch in die Schulsportstunden kommen Vertreter des DTSB, um für bestimmte Sportarten befähigte Schüler zu finden. Besonders Begabte können von der fünften Klasse an sogenannte Sportspezialschulen besuchen. In diesen Schu-

len mit Internatsbetrieb wird täglich mehrere Stunden trainiert. Durch diese gezielte und systematische Auswahl und Förderung der Besten lassen sich die internationalen Spitzenergebnisse im Leistungssport erklären.
Ein Sporttalent kann in der DDR kaum unentdeckt bleiben. An den Kinder- und Jugendspartakiaden, von den Schulen veranstaltet, nehmen alle teil. Die Besten messen sich dann bei Kreis- und Bezirksspartakiaden, bevor eine nationale Spartakiade stattfindet. Schon mancher Spartakiade-Sieger stand später bei Olympischen Spielen oder bei Weltmeisterschaften wieder auf dem Siegertreppchen.
Fast alle Sportvereine der DDR sind Betrieben angegliedert. Sie stehen aber nicht nur den Firmenangehörigen offen. An den Namen ist zu erkennen, zu welchem Produktionszweig sie gehören. «Lokomotive» heissen die Sportvereine der Eisenbahn, «Empor» nennen sich die Klubs von Handel und Versorgung, «Dynamo» ist die Sportorganisation von Volkspolizei und Staatssicherheitsdienst, «Rotation» gehört zu Presse, grafischem Gewerbe und Druckereien, Sportvereine mit dem Namen «Traktor» kommen aus der Land- und Forstwirtschaft.
Wer will, kann der «Gesellschaft für Sport und Technik (GST)» beitreten. Die Mitgliedschaft männlicher Jugendlicher ist erwünscht, denn in der GST wird vormilitärische Ausbildung betrieben. Insofern ist sie auch ein Beispiel für die vom Staat als politisches Ziel erklärte Verknüpfung von Sport und Wehrertüchtigung. Jedes Mitglied, ob Junge oder Mädchen, lernt dort erst einmal schiessen.
Die GST wendet sich mit ihrem Angebot hauptsächlich an männliche Jugendliche. Bestimmte Sportarten können nur in der GST betrieben werden: Tauchen, Moto-Cross, Segelfliegen oder Fallschirmspringen. Viele Jugendliche haben dort ihren Motorradführerschein gemacht, kostenlos und ohne die sonst üblichen Wartezeiten. Wegen des ebenso ausgefallenen wie zugkräftigen Angebots hat die GST starken Zulauf von Jugendlichen.
Ob in einem Verein des DTSB oder in der GST – Sporttreiben ist in der DDR preiswert. Die Mitgliedsbeiträge sind äusserst niedrig. Sogar Reiten ist erschwinglich: Für Erwachsene kostet eine Reitstunde zehn Mark, für Kinder die Hälfte. Die DDR nimmt für sich in Anspruch, Reiten und Tennis den «elitären Anstrich» genommen zu haben. Volkssportarten sind sie dennoch nicht geworden. Beide Sportarten wurden nie richtig gefördert.
Regelrechte Publikumsmagnete sind die Autorennen auf dem Sachsenring bei Zwickau und auf dem Schleizer Dreieck sowie die Friedensfahrt, das bedeutendste internationale Strassenrennen der Amateure.
Die Autorennen sind die Spitzenereignisse für Motorsportfans in der DDR. Doch was dort über die Rennstrecken des Sachsenrings und des Schleizer Dreiecks rast, mutet für westliche Betrachter eher komisch an: Es sind frisierte Fahrzeuge der Marken Trabant und Wartburg aus der DDR-eigenen Autoproduktion.

Der knatternde Jedermann-Kleinwagen Trabant («Trabbi»), der normalerweise kaum mehr als 100 Stundenkilometer schafft, braust mit Heckspoilern, Halogenscheinwerfern und hochgezüchteten Motoren über die Pisten. Den Umbau der Rennautos nehmen die Fahrer selbst vor. Die Motorsportklubs sind als Betriebssportvereinigungen den Autofirmen angegliedert, und auf diese Weise werden sie finanziell unterstützt.
Zum Sachsenring und zum Schleizer Dreieck kommen aus der ganzen DDR 150 000 bis 200 000 Zuschauer im Jahr. Höhepunkte sind die drei internationalen Rennen am Schleizer Dreieck. Allerdings nehmen daran nur Fahrer aus osteuropäischen Ländern teil. Auch die startenden Autos sind durchweg östlicher Bauart: Trabant, Wartburg, Skoda, Lada.
Der private Markt am Rande des Geschehens bietet alles, was die Herzen von Autofans höher schlagen lässt. Hier wird verkauft oder getauscht, was sonst nicht oder nur schwer zu haben ist: Ersatzteile aller Art, selbstgebaute Spoiler, die in der DDR nicht industriell hergestellt werden, Bilder, Poster, Motorsportzeitschriften. Besonders begehrt sind Waren und Publikationen aus dem Westen.
Am Rande der Strecke zelten die Zuschauer. Essen und Trinken, letzteres ziemlich reichlich, wird von zu Hause mitgebracht. Ein solches Rennwochenende ist nicht billig: Eine vierköpfige Familie lässt mit Eintritt und Zeltplatzgebühr gut 200 Mark in Schleiz oder Zwickau – das ist beinahe ein Viertel des monatlichen Einkommens eines Industriearbeiters.
Alljährlich beginnt am «Tag der Befreiung», dem Jahrestag des Endes des Zweiten Weltkriegs, die Friedensfahrt. Start- und Zielorte wechseln reihum zwischen Ost-Berlin, Prag und Warschau. Hunderttausende säumen den Weg der Friedensfahrer. Doch die Stimmung sei nicht mehr so wie früher, berichten ältere Zuschauer. In den fünziger und sechziger Jahren war die Friedensfahrt das herausragende Massensportereignis. Jedes Kind kannte die Namen der Fahrer. Heute wissen nur die wirklich Radsportbegeisterten Bescheid.
Nicht nur Radsportfreunde zieht es alljährlich zu den Winterbahnrennen im Berliner Stadtteil Weissensee. Für diese grösste Hallenradsportveranstaltung im Land sind Eintrittskarten nur lange im voraus und mit langem Anstehen zu bekommen. Beliebt sind diese Rennen auch wegen der Stimmung in der Halle. Ältere Zuschauer schwärmen, sie sei so ähnlich wie früher beim Sechstagerennen im legendären Sportpalast im Westteil der Stadt.
Den Rang, den die Staatsführung dem Sport einräumt, hat sie baulich in der Hauptstadt mit dem Sport- und Freizeitzentrum an der Leninallee im Stadtteil Lichtenberg dokumentiert. Dieses von Schweden errichtete, architektonisch gelungene Bauwerk enthält perfekte Vergnügungs- und Sportanlagen von der vollautomatischen Bowlingbahn bis zum Wellenbad. Dieses Freizeitzentrum übersteigt den im Westen anzutreffenden Standard vergleichbarer Sportstätten deutlich und ist ein Vorzeige-Objekt für die DDR. Entsprechend gross ist der Andrang.

Heimat: Echte und verordnete Gefühle

Von Anfang an hat sich die SED bemüht, den Bewohnern des von ihr beherrschten östlichen deutschen Staates ein eigenes, ein «sozialistisches» Nationalbewusstsein beizubringen. Krampfhaft versuchte die kommunistische Partei, Belege dafür zu liefern, dass die Menschen auf «ihr Land» stolz sein können. Doch die plumpen Agitationsmethoden und hohlen Propagandasprüche kamen nicht an. An Fabriken, Strassen, Brücken und Schulen wurden die «sozialistischen Errungenschaften» gepriesen, die Werktätigen zu höheren Leistungen aufgerufen und der «ewige Bruderbund mit der Sowjetunion» beschworen. Solche Parolen sind heutzutage seltener zu finden. Abgesehen davon, dass die Zahl der Spruchbänder und -tafeln in den Städten und Dörfern insgesamt abgenommen hat, veränderte sich ihr Inhalt. «Unsere Heimat – DDR» oder «Die DDR – unser sozialistisches Vaterland» sind in den achtziger Jahren die gängigen Slogans der SED.
Fast dreissig Jahre hat es gedauert, bis die SED das Wort «Heimat» für sich entdeckte. Zuvor galt «Heimat» als eine gefährliche Vokabel, die «chauvinistische Gefühle» wecke und «reaktionäre Ziele» verrate. Durch die Verbände der Heimatvertriebenen in Westdeutschland war für die kommunistische Partei dieser Begriff negativ besetzt. Doch inzwischen sind «Heimat» und «Heimatgefühle» neu definiert. Sie seien Synonyme für «sich heimisch fühlen», heisst es im Kulturpolitischen Wörterbuch der DDR: «Dieses Gefühl ist nicht an die ursprüngliche Heimat des Menschen gebunden, sondern drückt die momentane Übereinstimmung mit dem sozialen und kulturellen Milieu aus.» Genau daran knüpft die neue Linie an. Traditionelle Feste und lokales Brauchtum werden wieder hervorgehoben. Bis in die siebziger Jahre wurden lediglich Sprache und Kultur der Sorben, der einzigen ethnischen Minderheit der DDR, die in der Niederlausitz an der Grenze zu Polen lebt, gefördert. Kunsthandwerk und Volksmusik, die besonders im Süden der DDR lange Traditionen haben, werden bewusst gepflegt. Spitzenklöppeln, ein altes Kunsthandwerk aus dem Erzgebirge, kann wieder als Beruf erlernt werden. Traditioneller Karneval wird in der DDR kaum gefeiert. Lediglich das thüringische Städtchen Wasungen ist für seine Faschingsumzüge bekannt. In den Städten gibt es zwar Bälle in geschlossenen Räumen, aber auf der Strasse ist von närrischem Treiben nichts zu sehen. Im Süden des Landes organisieren manche Sportvereine Maskenbälle und Karnevalssitzungen. Jetzt sind auch eigene Vereine zugelassen. Aber weil alles einen rechtlichen Rahmen braucht in der DDR, wurde 1986 im Gesetzblatt die «Anordnung über die Rechtsstel-

Oben: Partei-Parole in Neuglobsow in der Mark Brandenburg
Unten: Willkommene Abwechslung – ein Strassenfest am Arkonaplatz in Ost-Berlin. Rechte Seite: Historische Fassaden in Stralsund.

lung, Anleitung und Finanzierung ehrenamtlicher Karnevalklubs» veröffentlicht. Ein Ausstatter für die Klubs wurde auch schon gefunden. Die handwerkliche Produktionsgenossenschaft «PGH Hut und Putz» stellt Narrenkappen her.
Früher machte es wenig Spass, in den Innenstädten spazierenzugehen. Die nüchterne und funktionale Bauweise mancher Stadtzentren, wie beispielsweise der Alexanderplatz in Ost-Berlin oder die Prager Strasse in Dresden, laden nicht zum Verweilen ein. Doch seit den siebziger Jahren ist der Wert restaurierter alter Stadtkerne entdeckt worden. Die mittelalterlichen Harzstädtchen Wernigerode und Quedlinburg sind nach der Rekonstruktion wahre Kleinode geworden. In Gera, Schwerin und Rostock sind die Innenstädte liebevoll wiederhergestellt worden. In Ost-Berlin ist nach alten Plänen ein Teil des historischen Stadtkerns, das Nikolai-Viertel, nachgebaut worden. Auch die Friedrichstrasse soll bald in neuem Glanz entstehen. Stolz führen die Bewohner der Städte ihre Fussgängerzonen vor. Strassenfeste mit Leierkastenspielern, Verkaufsständen und Musikkapellen locken Besucher an.
Die Erkenntnis, dass vor der Identifikation mit dem Ganzen, also dem «Vaterland DDR», erst einmal die Beziehung zur näheren Umgebung hergestellt sein muss, ist in der DDR erst spät gereift. Zumindest empfinden die meisten Menschen, auch wenn sie ihren Staat nicht unbedingt lieben, die DDR inzwischen tatsächlich als ihre Heimat. Vielen ist das erst schmerzlich bewusst geworden, nachdem sie ihr den Rücken kehrten und in den Westen übersiedelten. Immerhin ist mittlerweile fast die Hälfte der Einwohner in der DDR geboren oder dort aufgewachsen. Sie fühlen sich als DDR-Bürger. Als Deutsche empfinden sie sich, wenn sie ihre kulturellen und geschichtlichen Wurzeln beschreiben. Nur bei älteren Menschen ist das anders. Für sie hat Deutschland noch eine Bedeutung.
Von der politischen Führung fühlen sich die wenigsten wirklich repräsentiert. Darum fällt es vielen schwer, loyal zu sein oder zu bleiben. Das Gefühl, dauernd von der SED gegängelt zu werden, ob man Mitglied ist oder nicht, die eingeschränkte Informations- und Reisefreiheit und die immer wieder auftretenden Versorgungsengpässe ärgern die Leute sehr.
Darum spotten die Menschen auch über die Bemühungen der SED, bei ihnen Stolz auf das «sozialistische Vaterland» und ein «Wir-Gefühl» herzustellen. Eine gängige Scherzfrage lautet: «Wie heissen die drei grössten Staaten der Erde, die mit U anfangen?» Antwort: «Die UdSSR, die USA und UNSERE DDR.»

Brigitte Deja-Lölhöffel

Sie wurde 1953 geboren und ist Magister der Pädagogik. Von 1979 bis 1984 lebte sie als Bundesbürgerin in Ost-Berlin. Jetzt wohnt sie in Bonn, ist in der politischen Bildungsarbeit tätig und veröffentlichte 1986 im Verlag Gebr. Holzapfel, Berlin, das Buch «Freizeit in der DDR».

In dieser Reihe sind bereits erschienen:

Unbekannter Nachbar
Orient
von Felix R. Paturi

Unbekannter Nachbar
Ungarn
von Gerda Rob

Unbekannter Nachbar
Frankreich
von Hans O. Staub

Unbekannter Nachbar
Israel
von Hans O. Staub

Unbekannter Nachbar
Portugal
von W. und S. Schwanfelder

Unbekannter Nachbar
Italien
von Gerda Rob

Unbekannter Nachbar
Sowjetunion
von Regula Heusser

Unbekannter Nachbar
Österreich
von Alphons Matt

Unbekannter Nachbar
Liechtenstein
von Alphons Matt

Unbekannter Nachbar
Japan
von Kazuyuki Kitamura

Umschlagbilder:

oben: Marktplatz von Jena
Mitte: Maikundgebung in Ost-Berlin
links: Neubau in Ost-Berlin
unten Mitte: Staatsemblem
unten rechts: Kreidefelsen auf der Insel Rügen